林家驪
周明初　注譯
周鳳五　校閱

新譯申鑒讀本

三民書局印行

國立中央圖書館出版品預行編目資料

新譯申鑒讀本／林家驪 周明初注譯.
--初版.--臺北市：三民，民85
面； 公分.--(古籍今注新
譯叢書)
ISBN 957-14-2310-6 (精裝)
ISBN 957-14-2313-0 (平裝)

1.申鑒-註釋

122.921 85000904

新譯申鑒讀本

注譯者 林家驪 周明初
校閱者 周鳳五
發行人 劉振强
著作財產權人 三民書局股份有限公司
臺北市復興北路三八六號
發行所 三民書局股份有限公司
地址／臺北市復興北路三八六號
郵撥／〇〇〇九九九八－五號
印刷所 三民書局股份有限公司
門市部 復北店／臺北市復興北路三八六號
重南店／臺北市重慶南路一段六十一號
初版 中華民國八十五年二月
編號 S 03110①
基本定價 叁元陸角
行政院新聞局登記證局版臺業字第〇二〇〇號

ISBN 957-14-2310-6 (精裝)

刊印古籍今注新譯叢書緣起

劉振強

人類歷史發展，每至偏執一端，往而不返的關頭，總有一股新興的反本運動繼起，要求回顧過往的源頭，從中汲取新生的創造力量。孔子所謂的述而不作，溫故知新，以及西方文藝復興所強調的再生精神，都體現了創造源頭這股日新不竭的力量。古典之所以重要，古籍之所以不可不讀，正在這層尋本與啟示的意義上。處於現代世界而倡言讀古書，並不是迷信傳統，更不是故步自封；而是當我們愈懂得聆聽來自根源的聲音，我們就愈懂得如何向歷史追問，也就愈能夠清醒正對當世的苦厄。要擴大心量，冥契古今心靈，會通宇宙精神，不能不由學會讀古書這一層根本的工夫做起。

基於這樣的想法，本局自草創以來，即懷著注譯傳統重要典籍的理想，由第一部的四書做起，希望藉由文字障礙的掃除，幫助有心的讀者，打開禁錮於古老話語中的豐沛寶藏。我們工作的原則是「兼取諸家，直注明解」。一方面熔鑄眾說，擇善而從；

一方面也力求明白可喻，達到學術普及化的要求。叢書自陸續出刊以來，頗受各界的喜愛，使我們得到很大的鼓勵，也有信心繼續推廣這項工作。隨著海峽兩岸的交流，我們注譯的成員，也由臺灣各大學的教授，擴及大陸各有專長的學者。陣容的充實，使我們有更多的資源，整理更多樣化的古籍。兼採經、史、子、集四部的要典，重拾對通才器識的重視，將是我們進一步工作的目標。

古籍的注譯，固然是一件繁難的工作，但其實也只是整個工作的開端而已，最後的完成與意義的賦予，全賴讀者的閱讀與自得自證。我們期望這項工作能有助於為世界文化的未來匯流，注入一股源頭活水；也希望各界博雅君子不吝指正，讓我們的步伐能夠更堅穩地走下去。

新譯申鑒讀本　目次

卷五

導讀

一

《申鑒》一書的作者，是東漢末年的著名政論家、思想家和史學家荀悅（西元一四八～二〇九）。悅字仲豫，穎川穎陰（今河南許昌）人。荀悅出身於當時的名門望族。他的先祖荀況，是戰國時儒家代表人物之一，著有《荀子》一書。他的祖父荀淑，字季和，是荀況十一世孫，年輕時就有高行。很博學，但不喜歡章句之學。漢安帝時徵拜郎中，再遷為當塗長。當時名賢李固、李膺等都奉為師友。桓帝時梁太后臨朝，有日食、地震之變，因對策譏刺權要，為太將軍梁冀所忌，出為朗陵侯相，莅事明理，有「神君」之稱。不久棄官歸里，閒居養志。荀淑有子八人：儉、緄、靖、燾、汪、爽、肅、專，並有才名，時人稱為「八龍」。其中以荀爽的聲名最著。爽字慈明，十二歲時就通《春秋》、《論語》，得到太尉杜喬的稱贊。他潛心於經籍，既不應付婚喪喜慶之類的俗務，也不接受朝廷的徵召，時人譽為「荀氏八龍，慈明無雙」。桓帝延熹九年，拜為郎中。後因黨錮之禍，隱遁十餘年。獻帝時董卓擅權，因爽有重名，強徵入朝，九十五天內，位登三公，拜為司空。爽見董卓殘暴日甚，必將危及國家，乃與司徒王允等共謀誅卓；還未起事，就生病去世了。荀爽著作很多，有《禮》、《易傳》、《詩傳》、《尚書正經》、《春秋條例》、《漢語》、《新書》等，今多所亡缺。荀淑、荀爽，《後漢書》卷六二俱有傳。

荀悅的父親儉，是荀淑的長子，不幸早卒。荀悅十二歲時能說《春秋》。家貧無書，每次到別人那裡見到書籍，讀過一遍大致就能背誦。他性情沈靜，姿容很美，尤其喜歡著書立說。漢靈帝時宦官專政，荀悅託疾隱居，當時並沒有人賞識他。只有堂弟荀彧對他特別敬重。獻帝建安初年，被徵召到曹操府中，後遷黃門侍郎。獻帝愛好文學，荀悅與荀彧以及少府孔融侍講宮中，旦夕談論。累遷祕書監、侍中。卒於建安十四年，年六十二歲。著有《申鑒》五篇、《漢紀》三十篇，及《崇德》、《正論》及諸論數十篇。今除《申鑒》、《漢紀》尚存，其餘均已散佚。《漢紀》一書，因漢獻帝嫌班固的《漢書》繁重難讀，命荀悅用《左傳》體例改寫而成，世稱「辭約事詳，論辨多美」。

二

據《後漢書》本傳，《申鑒》一書，作於荀悅任漢獻帝祕書監、侍中之時。當時天子大權旁落，全掌握在曹操手中。荀悅雖「志在獻替，而謀無所用」，於是撰寫此書，申述歷史的經驗教訓，以供皇帝借鑒。

荀悅在《申鑒》中，全面而有系統地闡述了他的政治觀、社會觀。這部書共分五篇，即：〈政體〉第一、〈時事〉第二、〈俗嫌〉第三、〈雜言上〉第四、〈雜言下〉第五。

荀悅的政治觀主要體現在〈政體〉和〈時事〉兩篇中。〈政體〉篇論述了治國為政的基本原則和方法。他認為仁與義是「道之本」，體現在政治上即是禮教和法治，因此法和教是「政之大經」。這是主張王霸之道並用，體現了中國傳統的政治思維。在這一基本原則指導下，荀悅具體闡述了為政的方法。他認為要把國家治好，首先要摒除虛偽、自私、放任、奢侈四種禍患，崇尚與農桑、審好惡、宣文教、立武備、明賞罰五種政令。在做好這些工作的基礎上，還要修六則以立道經、恤十難以任賢能、察九風以定國常、慎庶獄以昭人情、稽五赦以綏民中。此外，荀悅在這一篇中，還對君主的不良行為進行了規勸和糾正，對君主的職責和義務提出了要求。

〈時事〉篇列舉了在當時形勢下的二十一件大事，然後依次加以評論，申述自己的看法，提出或興或廢的建議。作者認為「尚知」、「貴敦」是當前的頭等大事，尚知就是崇尚理智，貴敦就是推重敦厚的品德，做好了這兩件，就可以民俗清，妖偽息，神明應，事業修。在其餘的十九件事中，他對當時州牧的設置、官員的俸祿、貨幣的流通等問題進行了評議。特別是針對當時「富人名田逾限」的現象，提出了「耕而勿有」——即土地只許耕種，不許私人占有和自由買賣的理想；反對「峻刑害民」，主張「德刑並用」，這些都是極有意義的。

在〈俗嫌〉篇中，他以儒者的立場和眼光，對當時社會上流行的卜筮、禁忌、祈請、神仙方術、讖緯之學等不良習俗和宗教迷信，大力駁斥。他認為這些東西不可信，並在一定程度上揭露了這些習俗的虛偽性和愚妄性，顯示出荀悅的社會歷史觀。這裡就拿讖緯之學為例，略加解說：「讖」是一種冒充神靈、先知，用來預決吉凶得失的隱言祕語。乃秦漢間方術之士所發明。「緯」是相對於「經」而言的書籍。在漢武帝之後，由於經學地位的提高，出現了許多依傍、比附經義的書籍，謂之緯書，並且號稱是孔子所著。西漢後期以來，由於統治者的愛好和提倡，讖緯之學非常盛行。王莽改制和光武中興，也都利用讖緯，作為號召。到了東漢章帝時期，讖緯更進一步，與今文經學混合在一起，被稱為「內學」，尊為「祕經」，儒學從此就神學化了。在〈俗嫌〉篇中，荀悅申述了叔父荀爽的觀點，認為世上所傳的八十一篇緯書皆非孔子所作，是後人假冒孔子之名而寫的偽書。

荀悅的哲學思想體現在〈雜言〉上、下篇裡。這兩篇採用問答體的形式寫成，體例取法於揚雄的《法言》；而《法言》又仿自孔子的《論語》。其中討論的問題非常廣泛，如為學、修養、勵志、憂樂、君臣關係、政治得失等等，都在範圍之內。就哲學方面的問題來說，對性和命、天命和人事、本性和情感等方面相互關係的探討，占有較大的篇幅。在性與命的關係問題上，他提出「生之謂性」、「終生者謂之命」的觀點，主張要「循其性以輔其命」。在討論天命和人事關係時，他提出了「性三品」之說，認為人後天的修為，關係天命甚大，故「命相近也，事相遠也，則吉凶殊也」。在本性和情感的關係問題上，他發揮了劉向的觀點，認為本性和情感是相互依存的，「性不獨善，情不獨惡」，性情中的善和惡是相呼應的。在討論精神和肉體的關係問題時，他提出了本之於氣的觀點，認為「凡言神者，莫近於氣，有氣斯有形，有神斯有好惡喜怒之情」。對這些問題的探討，也都是有價值的。

三

《申鑒》一書，《隋書・經籍志》、《新唐書・藝文志》均有著錄。但在長久的時期中，此書並沒有受到世人的重視；至南宋高宗時，尤袤主持江西漕運工作並刻印書籍，曾稱此書「簡編脫繆，字畫差舛」；到了明代正德年間，宦官專政，政治局勢敗壞，與東漢末年的情形相仿佛，此書所言，可為當局借鑒，因此引起時人的注意。正德中，吳縣（今屬江蘇）人黃省曾（字勉之）為之作注，此書才得以廣泛流傳。現在所見的較早的本子有嘉靖四年（一五二五）黃氏文始堂刊本。後來程榮將它採入《漢魏叢書》（有明萬曆中新安程氏刻本），何允中又採入《廣漢魏叢書》（有萬曆二十年（一五九二）刊本）中。後世出現的一些本子，大抵源出黃省曾注本；有的只是刪削了黃氏的注文，如清咸豐四年（一八五四）錢培名所輯刊的《小萬卷樓叢書》本就是如此。現在我們注釋《申鑒》所採用的本子，是以上海古籍出版社一九九〇年十月出版的《諸子百家叢書》所影印的明文始堂本（即《四部叢刊》影印本）為底本，參校中華書局根據世界書局一九三五年排印本重印的《諸子集成》所收《申鑒》以及盧文弨《群書拾補初編・申鑒校正》（《抱經堂叢書》本及《四庫全書》本）、錢培名《申鑒札記》（《四庫全書》本及《叢書集成初編》本《申鑒》所附)。遇有不同之處，擇善而從。《申鑒》最後兩篇中有一兩處脫字，各本皆同，現在無從校補，只好仍因其舊。

此書〈政體〉、〈時事〉兩篇的注釋工作由杭州大學古籍所林家驪博士承擔；〈俗嫌〉、〈雜言上〉、〈雜言下〉三篇由杭州大學中文系周明初博士承擔。〈導讀〉部分由周明初執筆。

卷一

政體第一

【題解】〈政體〉是《申鑒》全書的第一部分。「政體」的意思就是「政治的主體」、「施政的要領」。在這一部分中，作者首先提出為政之道的根基是「仁義」。歷代英明的君主都注重仁義，但要提倡仁義，必先推行教化和法制。在這個基礎上，作者提出了施政的要領。要達到天下大治，必須除去四種禍患，提倡五種政治措施；要遵循六種標準來建立事理的常道；顧念十種危難，任用賢良有能力的人；明察九種風氣，確立國家的常典；謹慎地處理眾多的訴訟案件以代表民眾的情緒；謹慎地發布大赦令；天子要按四時來安排作息時間，要勤於政事；要正確判斷近臣的意見，處理好宮內的事務；要關心百姓疾苦；要積累財富，不要窮奢極欲；一切從公出發，不可有私心；治理人民要從治理人的本性入手；要正確引導民眾；要保持國家經濟情況的良好等等。在這一部分中，作者還讚揚了英明的君主，批評了平庸的君主，又將治世與衰世進行了對比，提出了必須避免可能使皇位受到輕視的措施。還指出人是有感情的，全靠正確的引導，才能使民眾知道事理的根本所在。

夫道[1]之本[2]，仁義[3]而已矣。五典[4]以經[5]之，群籍[6]以緯[7]之。詠[8]之歌[9]之，弦[10]之舞[11]之。前鑒[12]既明，後復申[13]之，故古之聖王[14]，其於仁義也，申重[15]而已，篤序[16]無彊[17]，謂之「申鑒」[18]。聖漢[19]統天[20]，惟宗[21]時亮[22]。其功[23]格[24]宇宙[25]，粵[26]有虎臣[27]亂政[28]；時[29]亦惟[30]荒[31]圮[32]湮[33]，茲[34]洪[35]軌儀[36]。鑒於三代[37]之典[38]，王允迪[39]厥[40]德[41]，功業[42]有尚[43]。天道[44]在爾[45]，惟帝茂[46]止[47]；陟降[48]膚[49]止，萬國[50]康[51]止。允[52]出[53]茲[54]，斯行[55]遠矣。立天之道[56]，曰陰與陽[57]；立地之道[58]，曰柔與剛[59]；立人之道[60]，曰仁與義[61]。陰陽以統[62]其[63]精氣[64]，剛柔以品[65]其[66]群形[67]，仁義以經[68]其[69]事業[70]，是為道也。故凡[71]政[72]之大經[73]，法教[74]而已矣。教者，陽之化[75]也；法者，陰之符[76]也；仁也者，慈[77]此者也；義也者，宜[78]此者也；

禮(79)也者，履(80)此者也；信(81)也者，守(82)此者也；智(83)也者，知(84)此者也。是故好惡(85)以章(86)之，喜怒(87)以涖(88)之，哀樂(89)以恤(90)之。若乃(91)二端(92)不愆(93)，五德(94)不離(95)，六節(96)不悖(97)，則三才(98)允序(99)，五事(100)交備(101)，百工(102)惟釐(103)，庶績(104)咸熙(105)。天作道(106)，皇作極(107)，臣作輔(108)，民作基(109)。惟先哲王(110)之政，一曰承天(111)，二曰正身(112)，三曰任賢(113)，四曰恤民(114)，五曰明制(115)，六曰立業(116)。承天惟允(117)，正身惟常(118)，任賢惟固(119)，恤民惟勤(120)，明制惟典(121)，立業惟敦(122)，是謂政體(123)也。

【章　旨】本章是全書的總綱。它指出了「道」的根基是仁義，歷代英明的君主都注重仁義，提倡仁義，就要推行教化和法治，並就此展開論述。最後，提出了施政的要領。

【注　釋】❶道　指「為政之道」，即政治的總規則。❷本　樹根，在此借指事物的主體。❸仁義　仁愛和正義，這是中國古代儒家思想中的兩個道德範疇。❹五典　指儒家的「五經」，即《詩》、《書》、《易》、《禮》、《春秋》這五部典籍。❺經　原指紡織品的縱線，這裡作動詞用，串連、組織的意思。❻群籍　指「五經」以外的眾多書籍。❼緯　與「經」相對，原指紡織品的橫線，這裡也作動詞用，串連、組織的意思。❽詠　吟詠；引聲長吟。❾歌　歌唱。❿弦　樂器上用以發聲的絲線，這裡指奏弦以發出樂聲。⓫舞　舞蹈。⓬前鑒　以前事為借鑒。鑒，原指盛水可用以照影的青銅器皿，後指銅鏡，這裡指借鑒、儆戒、教訓的意思。⓭申　申述；表明。⑭聖王　聖明的帝王，指道德和智慧超群達到至境的帝王。⑮申重　再三表明。重，再次；多次。⑯篤序　切實而有序。⑰無彊　不勉強。無，不。彊，指違背自然而迫人屈從。⑱中鑒　中述事理以供人作為借鑒。⑲聖漢　漢人對當代的尊稱。⑳統天　統領於天。㉑宗　通「崇」。推崇。㉒時亮　指輔成上天的功業，即完成合乎天意的功業。時，是。亮，輔助。語本《尚書・舜典》：「惟時亮天功。」㉓功　指天功，上天的功業。㉔格　感應；感動。㉕宇宙　指天地萬物。宇，原指四方上下。宙，原指古往今來。㉖粵　句首語助詞，無實在意義。㉗虎臣　比喻勇猛如虎的武臣，指漢興輔弼之臣。㉘亂政　治政，治理政事。亂，通「𤔔」。治理。㉙時　通「是」。指虎臣之政。㉚惟　因為。㉛荒　荒廢。㉜圮　坍塌。各本譌作「圯」，今正。㉝湮　湮沒；埋沒。㉞茲　現在。㉟洪　大，這裡作動詞用，張大。㊱軌儀　法度。㊲三代　古指夏、商、周三個朝代。㊳典　常道；法則。㊴允迪　認真實踐。允，信。迪，蹈，這裡是實踐的意思。㊵厥　其。㊶德　指天賦的美德。㊷功業　功勳；事業。㊸尚　遠。㊹天道　本指天理；天意，這裡借指上天。㊺爾　通「邇」。近。㊻茂　通「懋」。勉力；努力。㊼止　語助詞，無實在意義。㊽陟降　升降。言天神往來於天人之間，時加默佑。㊾膚　大。㊿萬國　統指境內諸侯之國。(51)康　安樂；安寧。(52)允　句首助詞，無實在意義。(53)出　離棄。(54)茲　此道。(55)行　指偏離正道。(56)立天之道　立，確立。天之道，天道，這裡借指天。古人認為天是有意志的，是萬物的主宰。(57)陰與陽　中國古代哲學中的一對基本範疇。古人把天地、男女、晝夜、炎涼、上下、勝負等等普遍存在的、互相對立的一切事物的兩個方面都可以歸結為陰陽兩個方面。(58)地之道　地道，這裡指地，與「天」相對。古人認為地順承天施，負載萬物，使萬物得以生長，是謙卑、柔順之德的象徵。(59)柔與剛　柔弱與剛健，這也是古代哲學中相對立的一對範疇。(60)人之道　人道，這裡指人類，它生於天地之間。(61)仁與義　仁是古代儒家哲學中最高的道德觀念，其核心是指人與人相親，即愛人。義是居心方正，言行合宜的意思。(62)統　統領。(63)其　指天。(64)精氣　元氣。(65)品　品評；區分。(66)其　指地。(67)群形　指山川、高下等各種形態。(68)經　經營；開創。(69)其　指人。(70)事業　功業。(71)凡　大凡。(72)政　作動詞用，執政。(73)大經　大法；

基本原則。74法教　法制教化。75化　化育。76符　符信；代表。77慈　篤愛。78宜　適宜；順應。79禮　合義的行為。80履　履行；實踐。81信　誠實；不欺。82守　遵守；奉行。83智　聰明。84知　知道；了解。85好惡　喜愛和憎恨。86章　彰顯；表白。87喜怒　喜悅和憤怒。88涖　監臨；面對。89哀樂　悲傷和快樂。90恤　體諒；憐憫。91若乃　句首語助詞連用。92二端　指教與法。93愆　過失；罪過。94五德　指仁、義、禮、智、信。95離　違失。96六節　六端，指好惡、喜怒、哀樂六情。97悖　逆亂。98三才　古指天、地、人。99允序　允，信；真正。序，按次序排列。100五事　指古代統治者在貌、言、視、聽、思五方面的修養，見《尚書・洪範》。101交備　俱備，謂態度恭敬、言論合理、眼光高明、聽聞廣博、思想通達。102百工　百官；眾官。103惟釐　惟，以。釐，治理；各司其職。104庶績　各種業績。105咸熙　咸，皆；都。熙，興。106道　指施政的本原。107極　最高的模範。108輔　輔佐；佐助。109基　基礎。110先喆王　英明的先王。喆，同「哲」。111承天　奉承天道。112正身　整飭己身；修身。113任賢　任用賢人。114恤民　體諒、憐憫人民。115明制　修明法制。116立業　建立功業。117惟允　惟，惟有。允，誠信。118常　恆久；經常。119固　堅固。120勤　盡心盡力，無所吝惜。121典　常道。122敦　敦厚。123政體　施政的要領。

【語譯】那道的根本，只是仁義而已。它是用五經作為經、其他各種書籍作為緯所組織而成的。可以吟詠它，可以歌唱它，可以演奏它，可以舞蹈它。以前事作為借鑒已經很清楚了，後人仍要一再地申述它。因此古代聖明的君主對於仁義，反覆地加以申述，切實而有序地實行，一點也不勉強，這就是「申鑒」。我聖漢王朝統領於天，推崇的是完成符合天意的功業。那功業感應於天地之間，於是有勇武的股肱之臣來治理政務；但這政務因為已被荒廢埋沒，現在努力恢復原有的法度。有鑒於夏、商、周三個朝代流傳下來的常法，帝王都必須切實依他們天賦的美德行事，功業才能長久。天威離人不遠，希望主上努力實行，老天就會加強默佑，天下的百姓就能安寧康樂。如果拋棄此道，那就偏離得太遠了。確立天道的，是陰和陽；確立地道的，是柔和剛；確立人道的，是仁和義。用陰陽來總領那上天的元氣，用剛柔來區分那地表的類形，用仁義來治理那人類的功業，這就叫做道。因此一切施政的基本原則，就是推行法制和教化。教化，是陽氣的化身；法制，是陰氣的代表。所謂「仁」，就是篤愛此道；所謂「義」，就是順應此道；所謂「禮」，就是實踐此道；所謂「信」，就是遵守此道；所謂「智」，就是了解此道。因為這個緣故，才能用喜愛和憎恨來表明他人的正誤，用歡悅和憤怒來面對他人的是非，用悲傷和快樂來體恤他人的得失。如果在教化和法制兩方面不發生過錯，在仁、義、禮、智、信五德方面沒有違失，在好惡、喜怒、哀樂六情方面沒有悖亂；那麼在天、地、人三者之間，才顯得很有次序；態度、言論、眼光、聽聞、思想五種修養才能夠完全俱備；文武百官因此而各司其職，各種業績都能興盛。以天道為施政的依據，以先王為最高的榜樣，以大臣為輔佐，以百姓為基礎。想我英明先王的施政，一是奉承天道，二是整飭己身，三是任用賢人，四是體諒百姓，五是修明法制，六是建立功業。要奉承天道只有誠實不欺，要整飭己身只有恆久不輟，要任用賢人只有堅信不疑，要體諒百姓只有盡心盡力，要修明法制只有依據常道，要建立功業只有敦厚篤實，這就是施政的要領。

致❶治❷之術❸，先屏❹四患❺，乃❻崇❼五政❽。

【章　旨】這章提出達到政治清明需要採取怎樣的措施。

【注　釋】❶致　達到。❷治　指治世，指政治清明、社會安定。❸術　方法；措施。❹屏　通「摒」。摒除；除去。❺四患　四種禍患。❻乃　然後；之後。❼崇　推崇；提倡。❽五政　五種政治措施。

【語　譯】達到政治清明的方法，首先是除去四種禍患，然後提倡五種政治措施。

一曰偽❶，二曰私❷，三曰放❸，四曰奢❹。偽亂俗❺，私壞法❻，放越軌❼，奢敗制❽。四者不除，則政未由❾行❿矣。俗亂則道荒⓫，雖⓬天地不得保⓭其性⓮矣；法壞則世傾⓯，雖人主⓰不得守其度⓱矣；軌越則禮亡，雖聖人不得全⓲其道⓳矣；制敗則欲肆⓴，雖四表㉑不能充㉒其求㉓矣，是謂「四患」。

【章　旨】這一章中述什麼是「四患」。

【注　釋】❶偽　虛假；欺詐。❷私　自私；利己。❸放　放縱；放任。❹奢　夸矜僭上，自負越分。❺亂俗　破壞風俗。❻壞法　損壞法制。❼越軌　超越常軌；不遵守法度。❽敗制　敗壞法制。❾未由　無從。❿行　實行；施行。⓫道荒　法度廢棄。道，指正當的事理，為人處事的法則。荒，原指田地長草，無人修理，這裡借為廢棄之意。⓬雖　即使。⓭保　保有；保持。⓮性　本性。⓯世傾　世俗邪惡不正。⓰人主　君王。⓱度　法度。⓲全　保全；維護。⓳道　指為人處世的基本準則。⓴欲肆　指各種不好的欲念肆行放縱。㉑四表　四邊極遠之地。㉒充　滿足。㉓求　要求。

【語　譯】一是虛偽，二是自私，三是放縱，四是自負。虛偽會破壞風俗，自私會損壞法律，放縱會超越常規，自負會敗壞制度。這四種惡習不除去，政治措施是無從推行的。因為風俗破壞了，正道就被廢棄，即使是天地也不能保全人類的本性；法律損壞了，世俗就會邪惡不正，即使君王也不能維持他的法度了；常規被超越了，禮儀就跟著消亡，即使是聖人也不能維護正道了；制度敗壞了，各種邪念就會肆行，即使是四方極遠之地也不能滿足他的要求，這就叫做「四患」。

興❶農桑❷以養其生，審❸好惡以正其俗，宣❹文教❺以章❻其化❼，立❽武備❾以秉❿其威⓫，明賞罰以統⓬其法，是謂「五政」。

【章　旨】這章申述什麼是「五政」。

【注　釋】❶興　使……興起；提倡。❷農桑　農耕和蠶桑，指耕織。❸審　審察；詳知。❹宣　宣揚；傳播。❺文教　指禮樂典章制度之類的教化。❻章　通「彰」。表明。❼化　教化。❽立　設立；建立。❾武備　軍備；軍隊。❿秉　保持。⓫威　威勢。⓬統　綜理；治理。

【語　譯】提倡耕織來養育人民，明察人們的喜愛和憎惡來糾正習俗，宣揚禮樂典章來表明國家的教化，建立軍備來確保國家的威嚴，使獎懲分明來綜理國家的法律，這就叫做「五政」。

民不畏❶死，不可懼❷以罪❸。民不樂❹生，不可勸以善❺。雖使卨❻布❼五教❽，咎繇❾作士❿，政不行焉。故在上者，先豐⓫民財，以定⓬其志。帝耕籍田⓭，后⓮桑⓯蠶宮⓰；國⓱無游民⓲，野⓳無荒業⓴；財不虛用㉑，力不妄加㉒，以周㉓民事，是謂「養生」。

【章　旨】這章申述什麼是「養生」。

【注　釋】❶畏　害怕。❷懼　怕。這裡是使……怕，恐嚇的意思。❸罪　懲罰。語本《老子》七十四章「民不畏死，奈何以死懼之」。❹樂　樂意；願意。❺勸以善　用讚許來勸勉它。勸，勸勉。各本作「觀」，從《後漢書》本傳改。善，讚許。❻禼　「禼」的俗字，也作「契」、「偰」，商代的始祖，據《尚書・舜典》，舜命契作司徒，推行五教。❼布　傳布；推行。❽五教　五常之教，指父義、母慈、兄友、弟恭、子孝這五種倫理道德教育。❾咎繇　也作「皋陶」、「咎陶」，舜時為士，掌司法。❿士　這裡指古代掌刑獄的司法官。⓫豐　使……豐足。⓬定　堅定。⓭籍田　即「耤田」，亦作「藉田」，古代天子、諸侯先作象徵性的親耕，再借用民力代為耕種的農田，其收成供祭祀宗廟之用。相傳天子籍田千畝、諸侯百畝，每逢春耕前，由天子、諸侯親執耒耜（古代耕地翻土的農具總稱，耜似後世的鍬，耒形如木叉，即犂的雛形，原為二物），在籍田上挖土數次，稱為「籍禮」，以示對農業的重視。⓮后　帝王的正妻。⓯桑　名詞作動詞用，採桑飼蠶。⓰蠶宮　養蠶的房屋。古代宮為房屋的通稱。⓱國　這裡指都邑、城市。⓲游民　游食之民；游手好閒之人。⓳野　指郊野、鄉間。⓴荒業　這裡指荒廢的農田。㉑虛用　妄用；無故浪費。㉒妄加　胡亂使用。㉓周　周全；成全。

【語　譯】老百姓不怕死，拿懲罰來威嚇他們也沒有用。老百姓不願意活，拿讚許來勉勵他們也沒有用。即使讓契來推行「五教」，讓皋陶來擔任司法官，政治教化也無法推行。因此在高位的人，應該先使老百姓的財產富足起來，用來安定他們向上的志願。帝王親自耕種籍田，皇后親自到蠶室裡飼蠶，合力倡導農桑，都市中沒有遊食的人口，鄉野間沒有荒廢的農田，財物不無故浪費，武力不胡亂使用，用來周全老百姓的事務，這就叫做「養生」。

君子所以動❶天地，應❷神明❸，正❹萬物，而成❺王治❻者，必本❼乎真實❽而已。故在上者，審則❾儀道❿，以定⓫好惡⓬。善惡要⓭於功罪⓮，毀譽⓯效⓰於準驗⓱。聽言⓲責事⓳，舉名⓴察實㉑，無或詐偽㉒以蕩㉓眾心，故事無不覈㉔，物無不切㉕，善無不顯㉖，惡無不彰㉗，俗無姦怪㉘，民無淫風㉙。百姓上下，睹㉚利害之存乎己也，故肅恭㉛其心，慎修㉜其行㉝，內㉞不忒惑㉟，外㊱無異望㊲；慮㊳其睹㊴，去㊵徼倖㊶；無罪過㊷，不憂懼㊸；請謁㊹無所聽，財賂㊺無所用，則民志㊻平㊼矣，是謂「正俗」。

【章　旨】這章申述什麼是「正俗」。

【注　釋】❶動　感動。❷應　應和；順應。❸神明　神靈。❹正　整飭。❺成　成就；完成。❻王治　王者的統治。《後漢書》本傳引作「王化」。❼本　根據。❽真實　真誠；真心實意。❾審則　詳知規章。審，悉知。則，規則。❿儀道　依照道理。儀，依照；依據。道，規則；事理。⓫定　確定。⓬好惡　美醜。《後漢書》本傳引作「好醜」，皆善惡、好壞之意。⓭要　通「邀」。求；取。⓮功罪　功業和過失。⓯毀譽　詆毀和贊譽。⓰效　呈現；顯現。⓱準驗　準則和效驗。⓲聽言　聽到議論。⓳責事　審察事理。責，要求；督察。⓴舉名　提到事物的名稱。㉑察實　詳察實情。察，審察。實，指事物的真實狀況。㉒詐偽　欺詐。㉓蕩　動搖，使……動盪不安。㉔覈　確實。㉕切　切實。㉖顯　明顯。㉗彰　昭著。㉘姦怪　姦邪不正。㉙淫風　過分放蕩的惡習。㉚睹　看到。㉛肅恭　嚴肅恭敬。㉜慎修　謹慎美好。㉝行　行為；表現。㉞內　指在自己的內心。㉟忒惑　錯失；疑惑。㊱外　指外人、別人。㊲異望　不同的期望。㊳慮　思考。㊴睹　指看到的事情。㊵去　拋棄。㊶徼倖　希求不當得的利益。㊷罪過　過失；錯失。㊸憂懼　擔憂害怕。㊹請謁　請託求告。㊺財賂　私贈財物。㊻志　意念；思想。㊼平　平和。

【語譯】有道德的人所以能感動天地，順應神明，端正宇宙間一切事物，而完成王者的統治，一定得根據真誠來辦事才行。因此在上位的人，要明悉規章，遵守大道，來決定什麼是好，什麼是壞。事情的好壞要在它的功過上尋求；誹謗和稱譽，從做事的準則和效驗上顯現。聽到別人的議論定要追求事實的真相，說起事物的名稱定要仔細察看它的實質。一點也不欺騙大眾，使人心動搖。因此事情沒有不確實的，物品的名實沒有不切合的，優點沒有不明顯的，缺陷也沒有不昭彰的，風俗沒有姦邪不正的現象，人民也沒有過度放蕩的惡習。老百姓和大小官員都看出這利害是與自己相關的，因此都使自己的思想莊重恭敬，使自己的行為謹慎美好；內心不存偏差與疑惑，對人也沒有不同的期望；思考自己看到的事實，拋棄徼倖的心理；沒有過錯，也不擔憂恐懼；別人的請託一律不聽從，私贈財物也沒有用處，那麼民眾的思想也就平正了，這就叫做「正俗」。

君子以情用❶，小人❷以刑用❸。榮辱❹者，賞罰之精華❺也。故禮教❻榮辱，以加❼君子，化❽其情也；桎梏❾鞭扑❿，以加小人，治⓫其刑⓬也。君子不犯⓭辱，況於刑乎？小人不忌⓮刑，況於辱乎？若夫⓯中人⓰之倫⓱，則刑禮兼⓲焉。教化之廢⓳，推⓴中人而墜㉑於小人之域㉒；教化之行㉓，引㉔中人而納㉕於君子之塗㉖，是謂「章化」㉗。

【章　旨】這章申述什麼是「章化」。

【注　釋】❶以情用　動之以情的意思。❷小人　指道德低下的人。❸以刑用　動之以刑的意思。❹榮辱　榮譽和恥辱。❺精華　指事物最精粹、最美好的部分。❻禮教　禮儀教化。❼加　施於的意思。❽化　改變。❾桎梏　古代用來拘繫犯人手腳的刑具。桎是腳鐐，梏是手銬。❿鞭扑　古時責打犯人的刑具。鞭用皮或竹製成，扑是木或金屬製成的杖具。⓫治　懲處。⓬刑　通「形」。形體；身體。⓭犯　觸犯；陷入。⓮忌　顧忌；忌憚。⓯若夫　承接連詞，相當於「至於」。⓰中人　指道德中等的人、常人、普通人。⓱倫　類；輩。⓲兼　兼用、並用的意思。⓳廢　廢棄；不用。⓴推　驅使的意思。㉑墜　落下。㉒域　地域；境地。㉓行　施行；實行。㉔引　引導。㉕納　納入。㉖塗　通「途」。道路。㉗章化　使教化彰明。章，通「彰」。昭著。

【語　譯】對君子用感情，對小人用刑罰。榮譽和恥辱是對人的最好的獎懲。因此把禮儀教化和榮譽恥辱，用在君子身上，改變他們的感情；腳鐐手銬和鞭子棍棒，用在小人身上，處罰他們的身體。君子不會落入恥辱，何況刑罰呢？小人不害怕刑罰，何況恥辱呢？至於普通人，則要刑罰和禮教並用。廢棄教化，就會把普通人推落到小人的境地；推行教化，就會把普通人引導上君子的道路，這就叫做「章化」。

小人之情，緩❶則驕❷，驕則恣❸，恣則急❹，急則怨❺，怨則畔❻。危❼則謀亂❽，安❾則思欲❿，非威強⓫無以懲⓬之。故在上者，必有武備以戒⓭不虞⓮，以遏⓯寇虐⓰；安居⓱則寄⓲之內政⓳，有事⓴則用㉑之軍旅㉒，是謂「秉威」㉓。

【章　旨】這章申述什麼是「秉威」。

【注　釋】❶緩　寬容。❷驕　驕傲；自大。❸恣　放縱，任意行事，無所顧忌。❹急　暴躁。❺怨　怨恨；責怪。❻畔　通「叛」。背叛。❼危　危險；危急。❽謀亂　圖謀作亂。謀，謀劃；圖謀。❾安　平安。❿思欲　想到淫欲。⓫威強　威嚴強盛。⓬懲　懲罰。⓭戒　防備。⓮不虞　意想不到的事。⓯遏　抑止；阻止。⓰寇虐　盜賊的殘害。⓱安居　安於所居，比喻平安無事。⓲寄　寄託；依靠。⓳內政　指國內的政治部門。⓴有事　指有緊急之事，如社會動亂等。㉑用　採用；動用。㉒軍旅　軍隊。軍和旅都是軍隊建制單位，這裡指軍隊。㉓秉威　執掌威權。

【語　譯】小人的性情是這樣的：寬容他，他就要驕傲，驕傲了就要放縱，放縱了就要急躁，急躁了就要怨恨，怨恨了就要反叛。危急之時就圖謀作亂，安定之時就貪圖淫欲。對於這樣的人，不靠威嚴強盛的力量是不能懲處他們的。因此在上位的人，一定要有軍備來防止意外的事件，阻止盜賊的殘害。國家平安之時附屬於內政部門，若有危急之事就動用軍隊，這就叫做「秉威」。

賞罰，政❶之柄❷也。明賞必罰❸，審信慎令❹。賞以勸善❺，罰以懲惡❻。人主不妄賞❼，非徒❽愛❾其財也，賞妄行❿則善不勸⓫矣；不妄罰，非徒慎⓬其刑也，罰妄行則惡不懲⓭矣。賞不勸謂之止善⓮，罰不懲謂之縱惡⓯；在上者能不止下為善⓰，不縱下為惡，則國治矣，是謂「統法」⓱。

【章　旨】這章申述什麼是「統法」。

【注　釋】❶政　政治；治國。❷柄　根本。❸明賞必罰　指賞罰分明、嚴格。必，肯定；堅決。❹審信慎令　確實而有信，謹慎地發布命令。❺勸善　鼓勵行善。❻懲惡　懲戒作惡。❼妄賞　胡亂行賞。❽非徒　不單是；不只是。❾愛　吝惜。❿妄行　胡亂實行。⓫不勸　得不到鼓勵。⓬慎　謹慎。⓭不懲　得不到懲戒。⓮止善　阻止行善。⓯縱惡　縱容作惡。⓰為善　行善；做善事。⓱統法　綜理法紀。

【語　譯】獎賞和處罰，是國家的根本。賞罰分明而且堅決，確實而有信用，慎重地發布命令，用獎賞來勸人行善，用處罰來懲戒作惡。君王不隨意獎賞，並不只是珍惜他的財寶，也是因為獎賞太泛濫了，好人就得不到鼓勵；不隨意處罰，並不只是謹慎地使用刑罰，也是因為處罰得太隨便，壞人就得不到懲戒了。行賞起不了鼓勵好人的作用就叫做阻止行善，處罰起不了懲戒壞人的作用就叫做縱容作惡。在上位的人能夠不阻止下面的人行善，不縱容下面的人作惡，那麼國家就大治了，這就叫做「統法」。

四患既蠲❶，五政既立❷，行❸之以誠❹，守❺之以固❻，簡❼而不怠❽，疏❾而不失❿。無為⓫為⓬之，使自施⓭之，無事⓮事⓯之，使自交⓰之。不肅⓱而治，垂拱⓲揖遜⓳，而海內平矣，是謂為政⓴之方㉑也。

【章旨】這章申述施政的方法。

【注釋】❶蠲　通「捐」。消除；免去。❷立　確立；實行。❸行　推行。❹誠　指誠心。❺守　遵守。❻固　指堅定不移的心。❼簡　簡約。❽怠　懈怠；輕忽。❾疏　稀疏。❿失　漏失。《老子》七十三章：「天網恢恢，疏而不失。」⓫無為　道家政治思想指順應自然，不求有所作為。⓬為　指治理。⓭施　推行。⓮無事　猶「無為」。⓯事　指治理。⓰交　互相貫通。⓱肅　嚴厲；峻急。⓲垂拱　穿著長大的禮服，拱著雙手，形容非常輕易。⓳揖遜　猶揖讓，拱手表示禮讓。⓴為政　治理國政。㉑方　方法。

【語譯】四種禍患已經消除了，五項政治措施已經確立了，用誠心來推行它，用堅定不移之心來遵守它，簡約卻不輕忽，稀疏卻不漏失。順應自然去做，使它們得以施行；順著自然去做，使它們得以互相貫通；不嚴厲卻能使政治清明，穿著禮服，拱著雙手，什麼事也不管，而讓位於賢能的人，但天下能夠太平，這就是治理國政的方法。

惟❶修❷六則❸，以立道經❹。一曰中❺，二曰和❻，三曰正❼，四曰公❽，五曰誠❾，六曰通❿。以天道⓫作中，以地道⓬作和，以仁德⓭作正，以事物⑭作公，以身極⑮作誠，以變數⑯作通，是謂「道實」⑰。

【章　旨】這章提出要遵循中、和、正、公、誠、通六項原則來建立常道。

【注　釋】❶惟　句首語助詞，無實在意義。❷修　遵循。❸六則　六項原則。則，準則；標準。❹道經　常道，指日常行事的原則。❺中　內心的喜怒哀樂都能恰到好處，無過與不及。❻和　指喜怒哀樂等感情的發作，都合乎節度。❼正　正直不阿。❽公　公平無私。❾誠　真誠無偽。❿通　通達事理。⓫天道　指自然的規律。⓬地道　指大地的特徵和規律。⓭仁德　指致利除害愛人無私的崇高道德。⓮事物　指自然界的一切物體和現象。⓯身極　自身中正的原則。身，自身；自我。極，準則；原則。⓰變數　權宜變通之道。⓱道實　指道的實際內容。實，與「名」相對。

【語　譯】遵循六項原則來建立行事的常道。一是中——感情適中，二是和——行為合宜，三是正——正直不阿，四是公——公平無私，五是誠——誠實不欺，六是通——通達事理。以天道自然作為「中」的代表，以大地的特徵來作為「和」的代表，以仁愛的美德作為「正」的代表，以萬事萬物同時並存作為「公」的代表，以立身的準則作為「誠」的代表，以權宜變化作為「通」的代表，這就是常道的內容了。

惟恤❶十難❷，以任❸賢能❹。一曰不知❺，二曰不進❻，三曰不任❼，四曰不終❽，五曰以小怨❾棄❿大德⓫，六曰以小過⓬黜⓭大功⓮，七曰以小失⓯掩⓰大美⓱，八曰以訐奸⓲傷⓳忠正⓴，九曰以邪說㉑亂㉒正度㉓，十曰以讒嫉㉔廢㉕賢能，是謂「十難」。十難不除，則賢臣不用，用臣不賢，則國非其國㉖也。

【章　旨】這章提出要在顧念十種危難的情況下任用賢良有才能的人，否則帝王必將失去他的國家。

【注　釋】❶恤　憂慮；顧念。❷難　禍難；危難。❸任　任用。❹賢能　賢良有才能的人。賢，謂有德行的人。能，謂有道藝的人。❺不知　不知其賢能。❻不進　知其賢能而不能提拔。❼不任　能提拔而不能任用。❽不終　能任用而不能有始有終。❾怨　恨；仇恨。❿棄　拋棄。⓫大德　指很大的恩德。⓬小過　小的過失。⓭黜　剝奪。⓮大功　重大的功勞。⓯小失　小的缺陷。⓰掩　遮蔽；遮蓋。⓱大美　大善。⓲訐奸　也作「奸訐」，惡意攻訐。訐，發人陰私。奸　通「姦」。邪惡不正。⓳傷　傷害。⓴忠正　忠誠正直。㉑邪說　不合正道的言論。㉒亂　擾亂。㉓正度　正當的法度。㉔讒嫉　指讒佞嫉妒的人。㉕廢　廢棄。㉖國非其國　國家將不是他的國家。

【語　譯】要顧念十種禍難，而任用賢良有才能的人。一是沒有知人之明，二是知人而不能善舉，三是舉人而不能任用，四是用人而有始無終，五是因為很小的怨仇而拋棄了很大的恩德，六是因為很小的過錯而剝奪了別人重大的功勞，七是因為很小的缺陷而掩蓋了別人很大的好處，八是誤信了惡意的攻訐而傷害了忠誠正直的人，九是採用不合正道的言論擾亂了正當的法則，十是任用讒佞嫉妒的小人而廢棄賢良有才能的君子，這就是十種禍難。如果這十種禍難不除掉，那麼賢良有才能的臣子就得不到任用，而所任用的臣子也就不是賢良的人，那麼國家也將不是他的國家了。

惟察[1]九風[2]以定[3]國常[4]：一曰治[5]，二曰衰[6]，三曰弱[7]，四曰乖[8]，五曰亂[9]，六曰荒[10]，七曰叛[11]，八曰危[12]，九曰亡[13]。君臣親[14]而有禮[15]，百僚[16]和而不同[17]，讓[18]而不爭[19]，勤[20]而不怨[21]，無事惟職是司[22]，此治國[23]之風也。禮俗不一，位職不重，小臣讒嫉，庶人作議，此衰國之風也。君好[24]讓[25]，臣好逸[26]，士好遊[27]，民好流[28]，此弱國[29]之風也。君臣爭明[30]，朝廷爭功[31]，士大夫[32]爭名[33]，庶人[34]爭利[35]，此乖國[36]之風也。上多欲[37]，下多端[38]，法[39]不定[40]，政[41]多門[42]，此亂國[43]之風也。以侈[44]為博[45]，以伉[46]為高[47]，以濫[48]為通[49]，遵禮[50]謂之劬[51]，守法謂之固[52]，此荒國[53]之風也。以苛[54]為密[55]，以利為公[56]，以割下[57]為能，以附上[58]為忠，此叛國[59]之風也。上下相疏[60]，內外[61]相蒙[62]，小臣爭寵[63]，大臣爭權[64]，此危國[65]之風也。上不訪[66]，下不諫[67]，婦言[68]用，私政[69]行[70]，此亡國之風也。故上必察乎國風也。

【章旨】這章提出要審察九種風氣來確定國家的常典，並詳細說明這九種風氣的特徵。

【注釋】❶察　審察；明察。❷九風　九種風氣。❸定　確定。❹國常　國家的常典。❺治　指政治清明安定。❻衰　衰敗，這裡指國家由強盛漸趨衰敗。❼弱　弱小，這裡指國家由強趨弱。❽乖　乖違；不和諧。❾亂　混亂，指國家動盪不安。❿荒　荒廢，指國家得不到治理。⓫叛　指背離正道。⓬危　凶險。⓭亡　滅亡。⓮親　指感情深厚，關係密切。⓯有禮　有禮儀法度。⓰百僚　百官；眾官。⓱和而不同　和順而堅守原則，不苟同他人的意見。語見《論語・子路》：「君子和而不同。」⓲讓　謙恭退讓。⓳爭　爭執；爭論。⓴勤　勞苦。㉑怨　怨恨。㉒惟職是司　執掌自己分內的職責。惟……是……，古漢語中表示強調的特定句式。職，職責。司，掌管；主持。㉓治國　使國家清明安定。㉔好　喜愛。㉕讓　責讓。㉖逸　安逸。㉗遊　遊蕩。㉘流　離散四方，不安所居。㉙弱國　使國家變弱。㉚爭明　指爭取賢明的美譽。明，賢明。㉛功　功勞。㉜士大夫　指各級官員。周朝時諸侯國中，國君之下有卿、大夫、士三級，後用士大夫借指各級官員。㉝名　名氣，指虛名。㉞庶人　眾民，指普通百姓。㉟利　利益；私利。㊱乖國　使國家背離常道。㊲欲　欲念；欲望。㊳端　事端。㊴法　法制；法律。㊵不定　不確定。㊶政　指政令。㊷多門　指好幾個部門。㊸亂國　使國家混亂。㊹侈　過分；過度。㊺博　廣大。㊻伉　通「閌」。高大。㊼高　高大。㊽濫　泛濫；無度。㊾通　通達；貫通。㊿遵禮　遵守禮儀法度。(51)劬　勞苦。(52)固　固執。(53)荒國　使國政廢棄。(54)苛　苛刻；繁瑣。(55)密　周密；完備。(56)公　公正。(57)割下　殘害下級。割，殘害。(58)附上　諂附上級。附，諂附；依順。(59)叛國　使國家背離常道。(60)疏　疏離。(61)內外　指朝廷內外。(62)蒙　欺騙。(63)寵　寵愛。(64)權　權力。(65)危國　使國家受到危害。(66)訪　詢問。(67)諫　勸諫；直言規勸。(68)婦言　婦人的話。(69)私政　出於一己的意願而頒布的政令。⑰行 實行。

【語 譯】要明察九種風氣來制定國家的常典：一是治，二是衰，三是弱，四是乖，五是亂，六是荒，七是叛，八是危，九是亡。君主和群臣親近並且遵守禮法，百官們相和順而不苟同別人的意見，謙讓而不爭功，勤奮而無怨言，盡忠職守而不攬權，這就是「治國」——使政治清明安定的風氣。朝廷制定的禮法和民間流行的習俗不一致，大臣的官位和所負的職責不相稱，在下的小臣嫉妒別人，在長官面前說別人壞話，老百姓隨便議論朝政，這就是「衰國」——使國勢漸趨衰弱的風氣。君主喜歡責備群臣，群臣喜歡安閒無事，士大夫喜歡遊蕩，老百姓喜歡流寓四方，這就是「弱國」——使國家弱小的風氣。君主和群臣都爭取賢明的美譽，百官們在朝廷上爭說自己的功勞，士大夫爭相謀求虛名，老百姓爭相取得私利，這就是「乖國」——使國家乖違不和的風氣。在上位的人有太多的欲望難以滿足，在下位的人有太多的爭端無從著手，法令不能固定，政策出自各個部門，這就是「亂國」——使國家混亂的風氣。以過度為廣大，以閑大為高大，以無度為通達，以遵守禮法當作勞苦，以遵守法令當作固執，這是「荒國」——使國政廢棄的風氣。以苛刻為嚴密，以私利為公事，以殘害下級為能幹，以諂附上級為忠誠，這是「叛國」——使國家背離常道的風氣。上級和下級互相疏離，朝廷內外互相欺騙，小臣爭相取寵，大臣爭奪權位，這是「危國」——使國家傾危的風氣。在上位的人不詢問實情，在下位的人不直言勸諫，婦人之言被採用，徇私舞弊的政令得到推行，這是「亡國」——使國家滅亡的風氣。因此，在上位的人一定要明察國家的風氣。

惟慎❶庶獄❷，以昭❸人情❹。天地之大德❺曰生，萬物之大極❻曰死。死者不可以❼生，刑者❽不可以復❾；故先王❿之刑⓫也，官師⓬以成⓭之，棘槐⓮以斷⓯之，情訊⓰以寬⓱之，朝市⓲以共⓳之，矜哀⓴以恤㉑之。刑斯斷㉒，樂㉓不舉㉔，慎之至㉕也。刑哉，刑哉，其慎矣夫。

【章旨】這章提出要謹慎地處理各種案件。

【注釋】❶慎　謹慎。❷庶獄　眾多的案件。庶，眾。獄，案件。❸昭　彰明；顯示。❹人情　人的常情，天性。❺大德　大恩德。❻大極　終極；終點。❼可以　能夠讓它。可，能夠。以，使；讓。❽刑者　受刑者；被處以肉刑的人。❾復　恢復。❿先王　先代的聖王。⓫刑　指肉刑。⓬官師　指各級司法官。官以職言，師以道言。⓭成　判決；定讞。⓮棘槐　三槐九棘的省稱。據《周禮・秋官・朝士》，朝廷左右各種九株棘木，正面種三株槐木，是高級官員上朝的位置。在此借指公卿百官。⓯斷　判斷；裁決。⓰情訊　謂處刑前逐級徵訊意見以探求民意，詳見《周禮・秋官・司刺》。⓱寬　寬容；赦免。⓲朝市　朝廷和市肆，指公眾聚集之處。⓳共　共同，指看法、意見等一致。⓴矜哀　憐憫。㉑恤　體恤。㉒刑斯斷　當判刑的時候。斯，句中語助詞，無實在意義。㉓樂　音樂。㉔舉　指演奏。㉕至　極點。

【語譯】謹慎地處理各種案件，用來表明人的常情。天地間最大的恩德是養育萬物，萬物的終點是死亡。死了的人不能夠甦醒，受了肉刑的人不能夠復原；因此前代聖王用刑的時候，先由各級法官作成判決，再由公卿加以裁斷，廣泛地徵詢意見以從寬處理，朝廷和市肆的看法取得一致，以憐憫之情來體恤犯人。在判刑的時候，不演奏音樂。用刑啊，用刑啊，應該這樣謹慎才行啊！

惟稽❶五赦❷，以綏❸民中❹。一曰原心❺，二曰明德❻，三曰勸功❼，四曰褒化❽，五曰權計❾。凡先王之攸❿赦，必是族⓫也。非是族焉，刑茲⓬，無赦⓭。

【章　旨】這章提出了要考察五種赦免罪犯的原則，來安撫民心。

【注　釋】❶稽　考察。❷赦　免除刑罰。❸綏　安撫；撫慰。❹民中　民心。中，心。❺原心　探求可以赦免刑罰的動機。原，推究；探求。心，思想；動機。❻明德　表彰他可以解除刑責的德行。❼勸功　獎勵他可以抵罪的功勞。❽褒化　褒揚他的改過遷善。❾權計　指衡量犯罪的輕重然後作出決定。權，衡量。計，計議。❿攸　所。⓫族　類。⓬茲　語助詞，無實在意義。⓭無赦　不赦免。

【語　譯】考察五種赦免罪犯的原則來安撫民心。一是探究他值得憐憫的動機，二是表彰他可以解除刑責的德行，三是獎勵他可以抵罪的功勞，四是表揚他的改過向善，五是根據犯罪的輕重作出適宜的判決。凡是先王所赦免的，一定是這幾類。假如不是這幾類，就處以刑罰不予赦免。

天子❶有四時❷：朝❸以聽政❹，晝❺以訪問❻，夕❼以修令❽，夜❾以安身❿。上有師傅⓫，下有讒臣⓬。大則講業⓭，小則咨詢⓮。不拒⓯直辭⓰，不恥下問⓱。公私不愆⓲，內外不貳⓳，是謂「有交」⓴。

【章　旨】這章申述了帝王要每天按四個時段來作息，並提出了勤政的幾個方面。

【注　釋】❶天子　古代認為君權神授，謂帝王是天之子，故稱天子。❷四時　這裡指把一天分作四個時段。❸朝　早晨。❹聽政　處理政務。❺晝　白天。❻訪問　諮詢群臣的意見。❼夕　傍晚。❽修令　修正政令。❾夜　晚上。❿安身　安息；就寢。⓫師傅　古代輔佐帝王的元老重臣封為太師、太傅、太保，稱為「三公」，或封為少師、少傅、少保，稱為「三孤」，這些都是榮譽性的官職。太師、太傅或少師、少傅合稱「師傅」。⓬讌臣　宴會時和天子講論政化的賢臣。⓭講業　指進修德業。⓮咨詢　徵詢；商議。⓯拒　拒絕。⓰直辭　直言。⓱不恥下問　不以向地位比自己低的人請教為可恥。⓲愆　過失。⓳貳　違背。⓴有交　指君臣上下相交融。

【語　譯】天子的一天可分為四個時段：早晨處理政務，白天徵詢群臣的意見，傍晚修正政令，晚上安息。朝廷上有元老重臣作輔佐，宴會中有和他討論政治教化的賢臣。重大的是進修德業，細小的是徵詢意見。不拒絕正直的言辭，不以向地位比自己低的人請教為可恥。公事私事的界限分明，朝廷內外和諧一致。這樣就可以稱為上下交融。

問❶明於治❷者其統近❸。萬物之本❹在身❺，天下之本在家❻，治亂❼之本在左右❽。內正立❾而四表❿定⓫矣。

【章　旨】這章提出了治理天下的根本在於君臣相一致。君臣都能建立守正不移的觀念，天下也就能安定了。

【注釋】❶問 通「聞」。聽說；據說。❷明於治 對治國之道很明瞭。❸統近 統於近，歸總於近處。由近及遠的意思。❹本 根本；基礎。❺身 自身。❻家 指卿大夫及其家族。古代稱帝王所轄的地區為天下，諸侯的封地為國，卿大夫的采邑為家。由家組成國，由國組成天下，因此稱「天下之本在家」。❼治亂 治或亂，指國家政治清明還是混亂。❽左右 近臣。❾內正立 指君臣都能建立起守正不移的觀念。❿四表 四方極遠之地，泛指天下。⓫定 安定。

【語譯】聽說明白治國之道的人善於從近旁出發，由近而遠。萬物的基礎在它自身，天下的基礎在家，國家政治是安定還是混亂在於近臣。君臣都能建立起守正不移的觀念，天下也就能夠安定了。

問通於道❶者其守約❷。有一言❸而可常行❹者，恕❺也；有一行❻而可常履❼者，正❽也；恕者，仁之術❾也；正者，義之要❿也。至哉⓫，此謂道根⓬，萬化⓭存⓮焉爾⓯。是謂不思而得⓰，不為而成⓱，執⓲之胸心之間⓳，而功覆⓴天下也。

【章旨】這章提出「恕」和「正」是大道的根本，只要牢記心中，就能功蓋天下。

【注釋】❶通於道 對事理很精通。道，事理。❷守約 所遵守的原則很簡單。守，指所守的原則。約，簡約；簡單。❸一言 一個字。❹行 實行。❺恕 指己所不欲，勿施於人，這是儒家的行為準則。❻一行 一個行為。❼履 履行；實行。❽正 中正；正直。❾術 方法。❿要 要領；事物的重點。⓫至哉 到了極點啊。至，極；極點。⑫道根　道的根本。⑬萬化　指一切的政令教化。⑭存　存在。⑮焉爾　在那裡了。焉，「於此」的合音，在此。爾，句末語氣詞。⑯不思而得　不用想也知道。⑰不為而成　不用做也完成了。⑱執掌握。⑲胸心之間　猶「心裡」、「思想上」。⑳覆　蓋；掩蓋。

【語　譯】聽說精通事理的人所遵守的原則很簡單。有一個字是可以經常奉行的，就是「恕」——己所不欲，勿施於人；有一種行為是可以經常實行的，就是正直無私。恕，是施行仁德的方法；正直，是遵守義道的要領。這已是到了極點了啊！也就是大道的根本，一切的教化都在這裡面了。這就是所謂的不用思想就能知道，不用做事就能完成的意思。只要牢記在心裡，功勞就可以超過天下的人了。

自天子達①於庶人②，好惡③哀樂④，其修⑤一⑥也。豐約⑦勞佚⑧，各有其制⑨。上足以⑩備禮⑪，下足以備樂⑫，夫是謂大道⑬。天下、國、家，一體⑭也，君為元首⑮，臣為股肱⑯，民為手足⑰。下有憂民⑱，則上不盡⑲樂；下有饑民⑳，則上不備㉑膳㉒；下有寒民㉓，則上不具㉔服㉕。徒跣㉖而垂旒㉗，非禮㉘也。故足寒傷心㉙，民寒傷國㉚。

【章　旨】這章認為帝王和眾民的思想感情是一樣的，因此在上位者要關心百姓的疾苦。

【注　釋】①達　至；到。②庶人　眾民；百姓。③好惡　喜歡和厭惡。④哀樂　悲傷和快樂。⑤修　修養；習慣。⑥一　相同。⑦豐約　富裕和貧困。⑧勞佚　勞苦和安逸。佚，通「逸」。⑨制　限度。⑩足以　足夠用來。⓫備禮　使禮法完備。禮，禮儀法度。⓬備樂　使音樂完備。⓭大道　最重要的原則。⓮一體　整體。⓯元首　頭。元也是首的意思。⓰股肱　大腿和胳膊。⓱手足　手和腳。⓲憂民　憂傷的百姓。⓳盡　完全。⓴饑民　挨餓的百姓。㉑備　全。㉒膳　食。㉓寒民　挨凍的百姓。㉔具　全。㉕服　衣服。㉖徒跣　赤腳；光腳。㉗垂旒　懸垂在帝王冠冕前後的玉串，在此指帝王的冠冕。㉘非禮　不合禮儀。㉙足寒傷心　腳受寒則會使心受傷。傷，傷痛。㉚民寒傷國　老百姓貧寒就會使國家受到損傷。

【語譯】從帝王到平民百姓，喜愛和厭惡、悲傷和快樂，這些感情修養是共同的。富裕和窮困，勞苦和安逸，各有各的限度。在上位的足夠用來使禮法完備，在下位的足夠用來使音樂完備，這就是所說的治國要道。天下和國、家是一個整體，帝王是頭，大臣是大腿和胳膊，老百姓是手腳。在下有憂傷的百姓，在上的君主就不盡情享受音樂；在下有飢餓的百姓，在上的君主就不充分享受美食；在下有受凍的百姓，在上的君主就不備辦成套的衣服。光著腳而戴著冠冕，是不符合禮儀的。因此腳受寒就會使心裡感到傷痛，老百姓貧寒就會使國家受到損傷。

問君以至美之道❶。道❷民，民以至美之物❸養❹君。君降❺其惠❻，民升❼其功❽。此無往不復❾，相報❿之義⓫也。故太平⓬備物⓭，非極欲⓮也；物損禮闕⓯，非謙約⓰也，其數⓱云耳⓲。

【章旨】這章提出君主要用最完美的方法來統治老百姓，在天下太平時要儲蓄物資，在物資缺乏時要減少開支。

【注　釋】❶至美之道　最完美的方法。❷道　統治。道，通「導」。❸物　物資。❹養　供養。❺降　賜給。❻惠　恩惠。❼升　進獻。❽功　功績。❾無往不復　沒有去了不回返的。復，返。❿報　報答。⓫義　意思。⓬太平　安定和樂。⓭備物　儲備物資。⓮極欲　最大限度地滿足私欲。⓯物損禮闕　物資減少禮儀削減。⓰謙約　謙恭節約。⓱數　道理。⓲云耳　句末語氣詞，相當於「罷了」、「而已」。

【語　譯】聽說君主要用最完美的方法來領導老百姓，老百姓要拿最好的物資來供養君主。君主把他的恩惠分賜給老百姓，老百姓把他們的勞績進獻給君主。這不會有去無回的，而是相互報答的意思。因此天下太平的時候，要儲蓄物資，這不是窮奢極欲；至於物資減少了，禮儀短缺了，這不是謙恭節約，那是理當如此啊！

問人主有公賦❶無私求❷，有公用❸無私費❹，有公役❺無私使❻，有公賜❼無私惠❽，有公怒❾無私怨❿。私求則下煩⓫而無度⓬，是謂「傷清」⓭；私費則官耗⓮而無限⓯，是謂「傷制」⓰；私使則民撓擾⓱而無節⓲，是謂「傷義」⓳；私惠則下虛望⓴而無準㉑，是謂「傷正」㉒；私怨則下疑懼㉓而不安，是謂「傷德」㉔。

【章　旨】這章提出君主要有公賦、公用、公役、公賜和公怒，而不能有私求、私費、私使、私惠、私怨，否則將有不良後果。

【注　釋】❶公賦　指通過政府徵收的賦稅。❷私求　個人的貪求。❸公用　辦公的費用。❹私費　私人的開支。❺公役　公差；公共差使。❻私使　私人差遣。❼公賜　為公事而作的賞賜。❽私惠　私人餽贈。❾公怒　出於公心而發怒。❿私怨　個人的怨恨。⓫下煩　使下面的人受到煩擾。⓬無度　沒有限度。⓭傷清　損害廉潔。⓮官耗　使公家受到損耗。⓯無限　無度。⓰傷制　破壞制度。⓱撓擾　騷擾。⓲無節　沒有節制。⓳傷義　損壞恩義。⓴虛望　不合實際的非分之想。㉑無準　沒有目標。㉒傷正　損害公正。㉓疑懼　疑慮恐懼。㉔傷德　損害仁德。

【語　譯】聽說君主有公家的賦稅而沒有個人的貪求；有辦公的費用而沒有私人的開支；有為公共的差使而沒有私人的差遣；有為公事而作的賞賜而沒有私人的恩賜；有出於公心的憤怒而沒有個人的怨恨。個人有所貪求，使下面受到煩擾而沒有限度，這就叫傷害清廉；為私人而開支，使公家受到損耗而沒有限度，這就叫破壞制度；為私人而差使，使老百姓受到騷擾而沒有節制，這就叫損害恩義；私人有所恩賜，在下位的人就有非分之想而沒有標準，這就叫傷害公正；個人有所怨恨，在下位的就疑慮恐懼而不安定，這就叫損害恩德。

問善❶治民❷者，治其性❸也。或❹曰：「治金❺而流❻，去火❼則剛❽；激水❾而升❿，舍⓫之則降⓬。惡⓭乎治⓮？」曰：「不去其火則常流，激水而不止則常升。故大冶⓯之爐⓰，可使無剛；踊水之機⓱，可使無降。善立教⑱者若茲⑲，則終身治矣；故凡器⑳可使與顏、冉㉑同趨㉒。投㉓百金㉔於前，白刃㉕加其身，雖巨跖㉖弗敢掇㉗也。善立法者若茲，則終身不掇矣；故跖可使與伯夷㉘同功㉙。」

【章旨】這章提出善於治理百姓的人是從治理人的本性入手的。順著人的本性，不斷加以鼓勵，即可使人終身向善；不斷加以警戒，即可使人永不作惡。

【注釋】❶善　善於。❷治民　治理人民。❸性　本性；人性。❹或　有人。❺冶金　用火熔化金屬。❻流　指液體。❼去火　離開火。❽剛　堅硬。❾激水　阻遏流水。❿升　指水位上升。⓫舍　捨棄，指從水中拿掉障礙。⓬降　指水位下降。⓭惡　何；哪裡。⓮治　處理。⓯大冶　技藝精湛的冶金工人。⓰爐　冶爐。⓱踊水之機　使水上升的機器，即抽水機。⓲立教　建立教化。⓳若茲　像這樣。⓴凡器　常見的器具，比喻普通人。㉑顏、冉　顏淵和冉有，孔子的兩個賢弟子。顏淵安貧樂道，冉有長於政事。《論語・先進》中孔子評價他的學生，以顏淵為「德行」之首，冉有為「政事」之首。㉒同趨　並駕齊驅的意思。㉓投　拋；擲。㉔百金　許多金。金是古代最高的貨幣單位，秦代以黃金一鎰（二十兩，一說二十四兩）為一金。㉕白刃　鋒利發亮的刀子。㉖巨跖　指大盜。跖相傳為春秋時的大盜，後世遂稱大盜為盜跖。㉗掇　拾取。㉘伯夷　相傳為商朝末年孤竹君的長子，孤竹君要立次子叔齊為繼承人，孤竹君死後，叔齊讓位給伯夷，伯夷不受，叔齊也不登位，兩人投奔到周。後來周武王伐紂，兩人叩馬諫阻。武王滅商後，他們恥食周粟，逃到首陽山采薇而食，最後餓死在那裡。㉙同功　同樣的功名。

【語譯】聽說善於治理老百姓的人，是從治理他們的本性入手的。有人說：「熔化金屬，它就變成了液體。離開了火，它又堅硬起來。阻遏流水，水位就上升，除去障礙，水就下降。治理它幹什麼呢？」回答說：「如果金屬不離開火，那它永遠就是液體，阻遏流水不停止，那水就永遠升高著。因此技藝高超的治工的熔爐，可使熔化的金屬不變硬；抽水的機器，可使上升的水位不再下降。善於建立教化的人也能如此，那麼老百姓一輩子都在治理之下了；因此平常的人可以和顏淵、冉有那樣的賢人並駕齊驅了。將許多金子拋擲在人的前面，將鋒利的刀子加在他身上，即使是跖那樣的大盜也不敢拾取了。善於設立法則的人能夠如此，那麼老百姓一輩子也不會拾取了；因此盜跖也可以讓他與伯夷有同樣大的功名了。

問民由❶水也。濟❷大川❸者，太上❹乘舟，其次❺泅❻。泅者勞而危❼，乘舟者逸而安❽。虛❾入水，則必溺❿矣。以知能⓫治民者，泅也；以道德⓬治民者，舟也。

【章　旨】這章將老百姓比作水，將治理老百姓比作渡河。

【注　釋】❶由　通「猶」。如同。❷濟　渡過。❸大川　大河。❹太上　最高明的。❺其次　次等的。❻泅　游水。❼勞而危　辛苦而且危險。❽逸而安　輕鬆而且安全。❾虛　指無所憑藉。❿溺　淹沒；為水所掩。⓫知能　智慧和才能。知，通「智」。⓬道德　合乎大道的美德。

【語　譯】聽說老百姓如同水一樣。渡過大河的人，最高明的方法是乘船，次等的方法是游水。游水的人既辛苦又危險，乘船的人既輕鬆又安全。無所憑藉而下水，就一定會被水所淹沒。憑著智慧和才能來治理老百姓，就好像是游水；用合乎大道的美德來治理老百姓，就好像是乘舟渡河。

縱❶民之情❷謂之亂❸，絕❹民之情謂之荒❺。曰：「然則❻如之何❼？」曰：「為之限❽，使勿越❾也；為之地❿，亦勿越。故水可使不濫⓫，不可使無流⓬。善禁⓭者，先禁其身而後人；不善禁者，先禁人而後身。善禁之，至於不禁。令⓮亦如之。若乃⓯肆情⓰於身而繩欲⓱於眾，行詐⓲於官而矜實⓳於民；求己之所有餘⓴，奪㉑下之所不足；捨㉒己之所易㉓，責㉔人之所難㉕；怨㉖之本也。謂理㉗之源㉘斯絕㉙矣。

【章旨】這章申述要設立一個界限，使老百姓不超越，又認為要禁人，首先要禁己。

【注釋】❶縱　放縱。❷情　情感；情欲。❸亂　混亂；敗亂。❹絕　禁絕。❺荒　廢棄。❻然則　既然這樣；那麼。❼如之何　拿它怎麼辦。❽為之限　設立一個界限。為，做；設立。❾越　越過；超過。❿為之地　設立一個區域。地，區域；地域。⓫濫　泛濫。⓬無流　不流動。⓭禁　禁止；制止。⓮令　這裡作動詞用，發令。⓯若乃　至於像那。⓰肆情　放縱情欲。肆，放縱。⓱繩欲　約束情欲。繩，約束。欲，欲念。⓲行詐　做欺騙他人的事。⓳矜實　誇耀自己的誠實。⓴餘　多餘。㉑奪　剝奪。㉒捨　放棄。㉓易　容易。㉔責　督責；要求。㉕難 困難。㉖怨 招來怨恨。㉗理 理由。㉘源 根源；根本。㉙絕 斷絕。

【語 譯】放縱老百姓的情欲就叫做敗亂，禁絕老百姓的情欲就叫做廢棄。問：「既然這樣，那麼該怎麼辦呢？」回答道：「為他們設立界限，使他們不越過；為他們設立區域，也使他們不逾越。因此能夠使水不泛濫，不能讓它不流動。善於制止別人的人，先制止自己然後再制止別人；不善於制止別人的人，先制止別人然後再制止自己。善於制止，最後便能達到不用禁止的地步。發布命令也是這樣。至於像那自己放縱情欲而對眾人約束情欲，政府進行欺騙而對老百姓誇耀自己很誠實；為了求得自己的盈餘，而剝奪下級本來就感不足的；放棄自己容易做的事，督責別人做艱難的事，這就是招來別人怨恨的根本。這樣要求別人的理由也就斷絕了。

　　自上御❶下，猶❷夫釣❸者焉，隱❹於手，應❺於鉤❻，則可以得魚。自近御遠，猶夫御馬❼焉，和❽於手而調❾於銜❿，則可以使馬⓫。故至道⓬之要⓭不於身，非道⓮也。睹⓯孺子⓰之驅雞⓱也，而見⓲御民之方。孺子驅雞者，急則驚⓳，緩則滯⓴。方㉑其北也，遽㉒要㉓之則折而過南；方其南也，遽要之則折而過北。迫則飛㉔，疏則放㉕，志閑㉖則比㉗之，流緩㉘而不安則食㉙之。不驅之驅㉚，驅之至㉛者也。志安㉜則循路㉝而入門㉞。」

【章　旨】這章以釣魚、駕馬、小孩趕雞作比喻，論述應如何統治老百姓。

【注　釋】❶御　統治。❷猶　如同。❸釣　垂釣；釣魚。❹隱　憑倚。❺應　應和；呼應。❻鉤　魚鉤。❼御馬　駕馬。❽和　和應。❾調　適應。❿銜　馬嚼子，放在馬口中，用來駕馭馬的行止。⓫使馬　使喚馬；控制馬。⓬至道　最好的道術。至，極。⓭要　要點；關鍵。⓮非道　不是道術。⓯睹　看見；觀察。⓰孺子　小孩子；兒童。⓱驅雞　趕雞。⓲見　通「現」。體現。⓳驚　驚嚇。⓴滯　停滯。㉑方　當；正在。㉒遽　疾；迅速。㉓要　攔截。㉔迫則飛　逼近了牠就會飛起來。㉕疎則放　離遠了牠就會走散。疎，疏遠；離遠。放，放開；散亂。㉖志閑　心意安閒。㉗比　接近。㉘流緩　慢慢地走來走去。流，往來不定的意思。㉙食　飼；餵食。㉚不驅之驅　不用怎麼驅趕就能達到驅趕的目的。㉛驅之至　最高明的驅趕方法。㉜志安　猶「志閑」，心意安閒。㉝循路　沿著原路。㉞入門　進入雞舍的門。

【語　譯】從上面統治下面的人民，就好像釣魚的方式那樣，手執釣竿，對釣鉤傳來的信息及時作出反應，就能釣到魚了。從近處統治遠方的人民，就好像駕馬的方式那樣，用手調整繮繩，使它和馬銜傳來的訊息調和，就可以使喚馬了。因此最好的道術的關鍵如不在自身，就不算道術了。觀察兒童趕雞，就可以體現出統治人民的方法。兒童趕雞時，趕急了雞就會受驚，趕慢了雞就停留不動。正當雞要往北時，迅速地攔截牠，牠就會掉頭到南面；正當牠要往南時，迅速地攔截牠，牠就會掉頭到北面；逼近了牠就會飛起來；離遠了牠就會散開；當牠心意安閒時接近牠，在面前慢慢地走來走去且露出不安時，就可以餵牠飼料了。這種不用驅趕而驅趕的方法，是最高明的驅趕方法。當雞的心意安閒了的時候，牠就會沿著來路進入雞舍的門。」

太上不空市❶，其次不偷竊❷，其次不掠奪❸。上以功惠❹綏民❺，下以財力❻奉上，是以上下相與❼。空市則民不與❽；民不與，則為巧詐❾而取❿之，謂之偷竊。偷竊則民備⓫之，備之而不得⓬，則暴迫⓭而取之，謂之掠奪；民必交爭⓮，則禍亂⓯矣。

【章　旨】這章提出為政之道，最好的是要保持市場經濟的繁榮，不得已，也最好不要詐取民財；更不得已，亦不能強行奪取，否則必招來禍害和戰亂。

【注　釋】❶空市　使市場空虛，商業凋敝。❷偷竊　謂詐取人民的財物。❸掠奪　謂搶劫人民的財物。❹功惠　功績和恩惠。❺綏民　安撫人民。❻財力　財物和力役。❼相與　相互親近。❽不與　不相親近。❾巧詐　機巧詭詐。❿取　取得。⓫備　防備。⓬得　成功。⓭暴迫　用暴力逼迫。⓮交爭　相互爭鬥。⓯禍亂　禍患和戰亂。

【語　譯】為政之道，最好的是不使市場空虛，商業凋敝；不得已而求其次，也不要詐取民財；更不得已而求其次，亦不能掠奪民財。君主以功績和恩惠安撫人民，人民以財物和力役來供奉君主。所以君主和人民能互相親善。如果市場空虛，商業凋敝了，那麼人民就不肯納稅；人民不肯納稅，官府就會用機巧詭詐的方法來騙取民財，這就叫做詐取。有了詐取的行為發生，人民就會加以防備，有了防備而官府不能得手，就會用強迫的手段取得財物，這就叫做掠奪；這時候人民必定會和官方爭鬥，那麼就會發生禍害和戰亂了。

或曰：「聖王❶以天下為樂❷。」曰：「否。聖王以天下為憂❸，天下以聖王為樂。凡主❹以天下為樂，天下以凡主為憂。」聖王屈己❺以申❻天下之樂，凡主申己以屈天下之憂。申天下之樂，故樂亦報❼之；屈天下之憂，故憂亦及❽之。天下之道也。

【章　旨】這章論述聖主和凡君治理天下的兩種截然不同的態度以及相應的結果。

【注　釋】❶聖王　聖明的君主，指德才達於至境的帝王。❷以天下為樂　以統治天下人民為快樂的事。❸憂　擔憂；憂慮。❹凡主　平庸的君主。❺屈己　委屈自己，指壓抑自己的欲望。❻申　通「伸」。伸展；舒展。❼報　報答；回報。❽及　趕上；追隨。

【語　譯】有人問：「聖明的君主把統治天下人民當作快樂的事情嗎？」回答道：「不。聖明的君主把統治天下人民看作憂慮的事情，天下人民把有聖明的君主來統治他們當作快樂的事情。平庸的君主把統治天下人民當作快樂的事情，而天下人民把平庸的君主來統治他們當作憂慮的事情。」聖明的君主壓抑自己的欲望而使天下的人民快樂，平庸的君主伸展自己的欲望而使天下人民憂慮。使天下人民快樂，因此自己也招致快樂；使天下人民憂慮，因此自己也招致憂慮，這是天下通行的道理啊！

治世❶所貴乎位❷者三：一曰達道❸於天下，二曰達惠❹於民，三曰達德❺於身。衰世❻所貴乎位者三：一曰以貴高人❼，二曰以富奉身❽，三曰以報肆心❾。治世之位，真位❿也；衰世之位，則生災⓫矣。苟高人，則必損⓬之，災也；苟奉身，則必遺⓭之，災也；苟肆心，則必否⓮之，災也。

【章　旨】這章認為治平之世和衰微之世對帝位值得重視的各有三事。並指出了衰世三事所能招致的災害。

【注　釋】❶治世　治平之世，即政治清平安定之世。❷貴乎位　對帝王之位來說是重要的。❸達道　使大道通暢。道，指人類共同遵守的大道。❹達惠　使恩惠達到。❺達德　使道德達到。❻衰世　衰微之世，指政治衰敗混亂的時世。❼高人　對人很高傲。高，高傲；自大。❽奉身　供養自己。❾報肆心　報復別人來放縱心意。❿真位　真正的帝位。⓫生災　產生災禍。⓬損　貶降。⓭遺　拋棄。⓮否　不順利。

【語　譯】治平之世時，居帝王之位者值得重視的有三事：一是能使治國的大道暢行於天下，二是把恩惠普施給民眾，三是能使美德貫徹於全身；衰微之世時，居帝王之位者值得重視的也有三事：一是以自己尊貴的地位而傲慢待人，二是以富裕的財物來供養自己，三是用報復別人來放縱自己的心意。治平之世的帝位，是真正尊貴的帝位；衰微之世的帝位，就要產生災禍了。如果傲慢待人，那麼別人一定會貶損他，這是災禍啊！如果供養自身，那麼別人一定會拋棄他，這是災禍啊！如果放縱心意，那麼一定會使自己不順利，這是災禍啊！

治世之臣，所貴乎順❶者三：一曰心順❷，二曰職順❸，三曰道順❹。衰世❺之臣，所貴乎順者三：一曰體順❻，二曰亂順❼，三曰事順❽。治世之順，真順也；衰世之順，生逆❾也。體苟順則逆節❿，亂⓫苟順則逆忠⓬，事苟順則逆道⓭。

【章　旨】這章認為治世之臣和衰世之臣所重視的順利各有三事，並指出在衰世的三事所能產生的災禍。

【注　釋】❶貴乎順　所重視的順利。❷心順　內心和順。❸職順　職位順利。❹道順　道術順利。❺衰世　「衰世」至「事順」二十二字各本皆奪，今據黃省曾注補。❻體順　身體和順。❼亂順　言辭和順。亂，當作「辭」。言辭。❽事順　事情和順。❾逆　逆亂。❿逆節　使節操逆亂。逆節則心不順。⓫亂　當作「辭」。⓬逆忠　使忠誠逆亂。逆忠則職不順。⓭逆道　使道術逆亂。逆道則道不順。

【語　譯】治平之世的臣子，所重視的順利有三種：一是內心和順，二是職位順利，三是道術順利。衰微之世的臣子，所重視的順利也有三種：一是身體和順，二是言辭順利，三是事情順利。治平之世的順利，是真正的順利。衰微之世的順利，會產生逆亂。身體如果和順，那麼就會使節操逆亂；言辭如果順利，那麼就會使忠誠逆亂；事情如果順利，那麼就會使道術逆亂。

高下失序❶則位輕❷，班級❸不固❹則位輕，祿薄❺卑寵❻則位輕，官職屢改❼則位輕，遷轉❽煩瀆❾則位輕，黜陟❿不明⓫則位輕，待臣不以禮⓬則位輕。夫位輕而政重⓭者，未之有也。聖人之大寶⓮曰位，輕則喪⓯吾寶也。

【章旨】這章認為有七種現象會造成帝位變輕，如果帝位變輕了，也就會喪失掉。

【注釋】❶序　次序；次第。❷位輕　帝位變輕。❸班級　爵位；階級。❹固　穩定。❺祿薄　俸祿很少。祿，官吏的俸給。薄，少；輕。❻卑寵　位卑的人受寵幸。卑，指地位低，這裡指位卑的人。寵，受寵；得寵。❼屢改　多次變動。❽遷轉　官吏調職。❾煩瀆　煩複輕慢。❿黜陟　指官員的進退升降。黜，貶官或罷官。陟，升官。⓫不明　不分明。⓬不以禮　不按照禮儀。⓭政重　政務重。⓮大寶　最貴重的事物，指帝位。「聖人之大寶曰位」，見《易經・繫辭下》。⓯喪　喪失。

【語譯】上下失去次序帝位就會變輕，爵位階級不穩定帝位就會變輕，俸祿很少而位卑的人得到寵幸帝位就會變輕，官職多次變動帝位就會變輕，官員調職煩複輕慢帝位就會變輕，官員升降不分明帝位就會變輕，不用禮儀對待臣子帝位就會變輕，帝位變輕但政務繁重，從來沒有這樣的事。聖王最寶貴的東西就是帝位，變輕了就會失去它。

好惡①之不行②，其俗③尚④矣。嘉⑤守節⑥而輕⑦狹陋⑧，疾⑨威福⑩而尊⑪權右⑫，賤⑬求欲⑭而崇⑮克濟⑯，貴⑰求己⑱而榮⑲華譽⑳，萬物類㉑是已㉒。夫心與言，言與事，參㉓相應㉔也。好惡、毀譽㉕、賞罰㉖，參相福㉗也。六者有失㉘，則實㉙亂㉚矣。守實者益㉛榮，求己者益達㉜，處幽㉝者益明㉞，然後民知本㉟也。

【章旨】這章認為人們的思想行為往往是相矛盾的，應該互相呼應。

【注釋】①好惡　喜愛和憎恨。②行　實行。③俗　風俗；習俗。④尚　通「上」。久遠。⑤嘉　嘉許；讚美。⑥守節　保持節操。⑦輕　輕視。⑧狹陋　狹隘鄙陋，指以守節的人為度量狹小。⑨疾　憎恨。⑩威福　刑罰與賞賜，指濫行賞罰。⑪尊　尊重。⑫權右　權門豪族。⑬賤　看輕。⑭求欲　求得滿足自己的欲望。⑮崇　推崇。⑯克濟　指能功成名就。⑰貴　看重。⑱求己　責求自己，盡其在我。⑲榮　以……榮；重視。⑳華譽　浮華不實的名聲。㉑類　像；相似。㉒已　句末語助詞，無實際意義。㉓參　配合；調和。㉔相應　相互呼應。㉕毀譽　誹謗和稱讚。㉖賞罰　獎賞和處罰。㉗福，通「副」。符合。㉘失　差錯。㉙實　本質。㉚亂　錯亂。㉛益　更加。㉜達　顯貴。㉝幽　昏暗。㉞明　明亮。㉟本　根本。

【語譯】適當的喜好與憎恨不能實行，這種風氣由來已久。讚美堅守節操卻又輕視度量狹小，憎恨濫行賞罰卻又尊重權門豪族，卑視追求滿足欲望的人卻又推崇能夠功成名就的人，重視凡事責求自己的人卻又看重浮華不實的名聲。思想與語言，語言與行為都是應該互相呼應的。喜愛與憎恨、誹謗與讚美、獎賞與處罰都是應該相互符合的。這六者如果出現差錯的話，那麼人的本質就錯亂了。要使守本分的人更加光榮，凡事責求自己的人更加顯貴，在幽暗之處的人更加昭著，這樣做以後老百姓就知道事物的根本了。

卷二

時事第二

【題　解】〈時事〉是《申鑒》一書的第二篇。在這篇中，他首先列舉了在當時形勢下的二十一件大事，然後依次加以評論，申述自己的看法，提出或興或廢的建議。作者認為，「尚知」「貴敦」是當前的頭等大事，做好了這兩件，就可以民俗清、妖偽息、神明應、事業修。在其餘的十九件事中，他對當時州牧的設置、官員的俸祿、貨幣的流通、祭神禮儀的過多過濫等問題都進行了評論，他認為州牧的權勢過重，削弱了中央的權力而加強了地方勢力，不利於治理老百姓；官員俸祿是否增加，要依當時人民的經濟狀況而定；貨幣種類的興廢要視是否便於流通而定；要省減祭神禮儀。他還針對當時「富人名田逾限」的現象，提出了「耕而勿有」；反對「峻刑害民」，主張「德刑並用」，這些方面都是極富意義的。

最凡❶有二十一首❷。其初二首，尚知❸貴敦❹也。其二首有申重❺可舉❻者，十有❼九事。一曰明考試❽；二曰公卿❾不拘❿為郡⓫，二千石⓬不拘為縣⓭；三曰置⓮上武⓯之官；四曰議州牧⓰；五曰生⓱刑而死⓲者，但⓳加肉刑⓴；六曰德刑並用㉑；七曰避讎有科㉒；八曰議祿㉓；九曰議專地㉔；十曰議錢貨㉕；十一曰約祀舉重㉖；十二曰天人之應㉗；十三曰月正聽朝㉘；十四曰崇內教㉙；十五曰備博士㉚；十六曰至德要道㉛；十七曰禁數赦令㉜；十八曰正尚主之制㉝；十九曰復內外注記㉞者。

【章　旨】這章是第二卷的總目，它列舉了二十一件時事。

【注　釋】❶最凡　合計；總共。❷首　件。❸尚知　崇尚理智。尚，崇尚；尊崇。知，通「智」。❹貴敦　推重敦厚。貴，推重；重視。敦，敦厚；淳樸。❺申重　再三表明。申，申述；表明。重，又；再。❻舉　提；提出來。❼有　又。❽明考試　公開地考核官吏。考試，考核官吏。❾公卿　「三公九卿」的簡稱，指朝廷中的高級官員。❿拘　拘守；拘泥。⓫為郡　治理郡，即作郡守。郡，春秋至隋唐時的地方行政區劃，下設縣。⓬二千石　指郡守。漢時郡守的俸祿為二千石，即月俸百二十斛，故稱郡守為二千石。⓭為縣　治理縣，即作縣令。縣為郡下所設的行政區劃。⓮置　設置；設立。⓯上武　尚武，崇尚武力。上，通「尚」。⓰議州牧　議論州牧的是非得失。州牧，州的行政長官。西漢武帝時，分全國為十三部即十三州，部置刺史，以六條察問郡縣，本為監察官性質，俸祿為六百石，官階低於郡守。成帝時，改刺史稱州牧，俸祿為二千石。後時稱刺史，時稱州牧，廢置不常。東漢靈帝時，再改刺史為州牧，並提高其地位，居郡守之上，掌握一州的軍政大權。⑰生　使……生。⑱刑而死　受刑而死。⑲但　只；僅僅。⑳肉刑　古代殘害肉體的刑罰，種類很多。㉑德刑並用　恩惠和處罰一併使用，恩威兼施的意思。㉒避讎有科　有法令來避免復仇。讎，通「仇」。指復仇、仇殺。科，法律條文。㉓議祿　對俸祿進行評論。㉔專地　專有土地。㉕錢貨　錢幣和財物。㉖約祀舉重　減少祭祀，只舉行重要的祀典。㉗天人之應　即天人感應，中國古代哲學思想認為天意與人事交感相應，天能干預人事，預示災祥，人的行為也能感應上天。建立「天人感應」學說的是漢武帝時儒學思想家董仲舒。㉘月正聽朝　又叫「聽朔」，古代帝王、諸侯在每月初一祭廟聽政。月正，即「月旦」、「月朔」，農曆每月初一。正是初始的意思。聽朝，指君主臨朝聽政。㉙崇內教　推重對婦女的教養。內教，指對婦女進行教化。㉚備博士　完備博士制度。博士，戰國時始設，秦及漢初，博士的職掌為古今史事待問及書籍典守。至漢武帝時，設五經博士，自後博士專掌經學傳授，與漢初博士制度有異。㉛至德要道　最高的道德和最重要的道理。至德，最高的道德。要道，最重要的道理。㉜禁數赦令　禁止多次發布減免罪刑的命令。赦令，君主發布的減免罪刑或賦役的命令。㉝正尚主之制　端正嫁娶公主的制度。尚主，指娶公主為妻。因尊帝王之女，不敢言娶而稱尚，尚有奉承、仰攀的意思。㉞復內外注記　恢復對朝廷之事和宮中之事的記錄。復，恢復。內外，指宮中和朝廷中。宮為內廷，朝為外廷，合稱內外。注記，即起居注和實錄。古代設有史官專門對帝王的言行進行記錄，記載宮內言行的稱為起居注，朝廷之事的稱實錄。

【語　譯】總共有二十一件。第一第二兩件是崇尚理智和推重敦厚的品德。接下來可提出來再三申述的，有十九件事：一是公開地考核官吏；二是公卿大吏不必拘守成例，也可以擔任郡守，俸祿二千石的不必拘守成例，也可以擔任縣令；三是設置崇尚武力的官職；四是評論州牧的是非得失；五是使當受刑而死的人復生，只處以肉刑；六是恩德和刑罰並用；七是用法律條文避免復仇這類現象；八是對俸祿進行評論；九是對專有土地進行評論；十是對錢幣和財貨進行評論；十一是減少祭祀的次數，只舉行重要的祭典；十二是有關天人相應的問題；十三是帝王在每月初一進行臨朝聽政；十四是推崇對婦女的教化；十五是完備博士制度；十六是有關最高的道德和最重要的道理；十七是要禁止多次發布對罪刑進行減免的命令；十八是端正娶公主為妻的制度；十九是恢復對朝廷之事和宮中之事進行記錄。

盤庚遷殷①，革奢②即約③，化④而裁之⑤，與時⑥消息⑦。眾寡⑧盈虛⑨，不常⑩厥道⑪。尚知貴敦，古今之法⑫也。民寡則用⑬易足⑭，土廣⑮則物易生，事簡⑯則業⑰易定⑱。厥亂⑲則思治⑳，創難㉑則思靜㉒。或曰：「三皇㉓民至敦㉔也，其治㉕至清㉖也，天性㉗乎？」曰：「皇民敦，秦民弊㉘，時㉙也；山民樸㉚，市民玩㉛，處㉜也；桀紂㉝不易民㉞而亂㉟，湯武㊱不易民而治㊲，政㊳也。皇民寡，寡斯㊴敦；皇治純㊵，純斯清。奚㊶惟性？」不求㊷無益㊸之物，不蓄㊹難得㊺之貨，節㊻華麗㊼之飾㊽，退㊾利進㊿之路(51)，則民俗清矣。簡小忌(52)，去淫祀(53)，絕(54)奇怪(55)，則妖偽(56)息(57)矣；致(58)精誠(59)，求諸己，正大事(60)，則神明(61)應(62)矣；放(63)邪說(64)，去淫智(65)，抑(66)百家(67)，崇聖典(68)，則道義(69)定(70)矣；去浮華(71)，舉功實(72)，絕末伎(73)，同(74)本務(75)，則事業修(76)矣。

【章　旨】這章從盤庚遷殷使商復興的史實出發，認為崇尚理智和推重敦厚是古今的治國法則，並從正反兩方面的史實進行論證。最後提出了「尚知貴敦」的具體措施。

【注　釋】❶盤庚遷殷　盤庚是商代國王，湯的第九代孫。當時國勢衰微，盤庚繼位後，為擺脫困境，避免自然災害，把都城從奄（今山東曲阜）遷到殷（今河南安陽西北），採取了革新措施，使商得以復興。❷革奢　革除奢侈。❸即約　推行節約；提倡節約。即，就；近，這裡有推行、提倡的意思。❹化　變化；改變。❺裁之　節制它。之，指民風。❻時　指時代。❼消息　消滅和增長，即生滅、盛衰。❽眾寡　多少。❾盈虛　充滿和空虛。❿常　永久的。⓫厥道　其道。⓬法　法則；規則。⓭用　用度；需求。⓮易足　容易滿足。⓯土廣　土地廣闊。⓰簡　簡單。⓱業　事業。⓲定　確定；確立。⓳厭亂　厭惡禍亂。⓴思治　盼望政治清明安定。㉑創難　創業艱難。㉒靜　平靜；安閒。㉓三皇　傳說中的遠古帝王，所指說法不一，有以天皇、地皇、泰皇（或人皇）為三皇，有以伏羲、神農、女媧（或祝融、或共工、或黃帝、或燧人）為三皇。㉔至敦　敦厚到了極點；極為敦厚。㉕治　政治。㉖至清　清明到了極點；極為清明。㉗天性　指人的本性。㉘弊　低劣；壞。㉙時　時勢。㉚樸　淳樸。㉛市民玩　城市居民刁頑。玩，刁頑。㉜處　處所，指居住環境。㉝桀紂　夏桀和商紂，夏朝和商朝的亡國君主，都以殘暴無道著稱。㉞不易民　老百姓沒有改變。㉟亂　指產生禍亂。㊱湯武　商湯和周武王，商湯滅夏，建立商朝，周武王滅殷（商），建立了周朝，史稱「湯武革命」，都以賢明著稱。37治　指政治清明安定。38政　指政治局勢。39斯　則。40純　善；好。41奚　何；胡。42求　追求；尋求。43無益　沒有益處。44蓄　積蓄；積聚。45難得　難以得到。46節　節制。47華麗　華美多彩。48飾　裝飾。49退　退卻；堵塞。50利進　功利進身。51路　途徑；通道。52簡小忌　減少細小的禁忌。53淫祀　過多過度的祭祀。54絕　禁絕。55奇怪　稀奇古怪，這裡指稀奇古怪的事物。56妖偽　猶「妖譌」。怪誕乖謬。57息　滅；消失。58致　導致；達到。59精誠　至誠；真心誠意。60正大事　端正重大的事情。大事，指祭祀和戰爭等。61神明　神靈。62應　應和。63放　放逐；拋棄。64邪說　不正當的說法。65淫智　不正當的才智。66抑　抑止；排斥。67百家　指除儒家以外的眾多學說。68聖典　聖人的典籍，指儒家經籍。69道義　道德和義理。70定　確立。71浮華　華美不實。72功實　功勞實績。73末伎　小伎，古代指工商業。74同　指通同從事。75本務　本業，指農業。76修　善；美好。

【語　譯】盤庚把都城遷到了殷，革除了奢侈的風氣，勵行節約，教化人民從而節制了民風，這些措施是和時代相適應的。多或少，實或虛，不是一成不變的。崇尚理智，推重敦厚的民風，是古今共同的法則。人民少則用度容易滿足，土地廣大則植物容易生產，事情簡單則事業容易成功。厭惡禍亂則盼望安定，創業艱難則盼望安閒。有人問：「遠古時代人民敦厚到了極點，政治也清明到了極點，那是人的本性如此嗎？」回答道：「遠古時人民敦厚，秦朝的人民品性低劣，這是時勢不同造成的；山地的居民淳樸，城市的居民刁頑，這是處所不同造成的；夏桀和商紂時的人民沒有改變而禍亂產生了，商湯和周武王時的人民沒有改變而政治安定，這是政治措施不同造成的。遠古時人民少，少就敦厚；遠古時政治美好，美好就清明了。哪裡只是本性的緣故呢？」不求取沒有益處的事物，不積聚難以得到的貨物，節制華美多彩的飾物，堵塞功利進身的途徑，那麼民俗就清明了；減少瑣細的禁忌，除去過度的祭祀，禁絕稀奇古怪的事物，那麼怪誕乖謬也就消失了；達到真心誠意的境地，一切事情依靠自己，端正重大的事情，那麼就會得到神靈的照應了；拋棄異端的學說，除掉不正當的知識，排斥百家思想，尊崇聖人的經典，那麼道德和義理也就確立了；去除華美不實，推舉功勞實績，禁絕工商末業，推行農業根本，那麼事業也就完美了。

誰毀誰譽❶，譽其有試❷者，萬物之概量❸也。以茲舉❹者試其事，處斯職❺者考其績❻，賞罰❼失實❽，以惡❾反❿之？人焉⓫飾⓬哉！語⓭曰：「盜跖⓮不能盜⓯田尺寸。」寸不可盜，況尺乎？夫事驗⓰，必若土田之張⓱於野⓲也，則為私者⓳寡矣。若亂⓴之墜㉑於澳㉒也，則可信者解㉓矣。故有事考功㉔，有言考用㉕，動㉖則考行㉗，靜㉘則考守㉙。

【章　旨】這章申述公開考核官員。

【注　釋】❶誰毀誰譽　「毀誰譽誰」的倒置，詆毀誰稱譽誰的意思。誰，指官員。❷試　考核。❸概量　量器。概是古代量米麥時刮平斗斛的器具，量是斗斛之類量器。❹茲舉　這個舉措。❺處斯職　處於這個職位。❻績　業績；實績。❼賞罰　獎賞和懲罰。❽失實　不合實際；不得當。❾惡　何；如何。❿反　類推；推斷。⓫焉　何；如何。⓬飾　掩飾；掩蓋。⓭語　指諺語；俗語。⓮盜跖　春秋時的大盜。⓯盜　搶劫；搶奪。⓰驗　檢驗；驗證。⓱張　布；展開。⓲野　原野。⓳為私者　謀私利的。⓴亂　渡過流水。㉑墜　墜入。㉒澳　通「隩」。水涯深曲處。㉓解　「鮮」的訛誤。少。㉔考功　考核功績。㉕考用　考驗效用。㉖動　行動。㉗考行　考驗行為。㉘靜　靜止。㉙考守　考驗操守。

【語譯】詆毀誰稱譽誰呢？稱譽是可以用來考核的，就像萬事萬物都可以用量器來衡量一樣。用這一舉措來考核事物，居於這個職位的考核他的實績。如果賞罰不得當，那如何進行推斷呢？人又如何進行掩飾呢？俗話說：「盜跖不能夠搶奪走一尺一寸的田地。」一寸田地也搶奪不走，何況是一尺呢？事情的檢驗，一定要像田地分布在原野上那麼明顯，那麼謀私利的就少了。如果像渡水的人墜落到水涯的深曲處那麼不明顯，那麼可以信賴的人也就很少了。因此有事就考核他的功績，有言就考檢他的效用，行動時就考驗他的行為結果，靜止時就考驗他的操守。

公卿不為郡，二千石不為縣，未是①也。小能其職②，以極③登於大④，故下位⑤競⑥。大橈其任⑦，以墜⑧於下，故上位⑨慎⑩。其鼎覆⑪，刑焉，何憚⑫於降⑬？若夫⑭千里之任⑮，不能充⑯於郡，而縣邑⑰之功⑱廢⑲，惜矣哉！不以過職⑳絀㉑則勿降，所以優賢㉒也；以過職絀則降，所以懲愆㉓也。

【章旨】這章認為公卿級的朝廷高官不擔任郡守，俸祿二千石的官員不擔任縣令，是不正確的措施。

【注　釋】❶未是　不對；不正確。❷小能其職　意思是擔任小的職位的人能夠勝任其職。能，勝任。職，職位。❸極　最，指傑出，突出。❹登於大　登上大的職位。❺下位　居於下位，指職位低的官員。❻競　競爭。❼大橈其任　意思是擔任大的職位的人不能稱職。橈，通「撓」。屈；枉屈，指不勝任。❽墜　降落。❾上位　居於上位，指擔任高官的人。❿慎　謹慎。⓫鼎覆　指國家敗亡。鼎是古代一種三足兩耳的烹飪器，相傳夏禹收九州之金屬鑄成九鼎，鼎就成為傳國的重器，國家的象徵。古代稱建都或建王朝為定鼎，國家滅亡為鼎覆。覆，翻過來；顛倒。⓬憚　害怕。⓭降　指降職。⓮若夫　發語詞。⓯千里之任　方圓千里的職任，指擔任地方官職。⓰充　滿；滿足。⓱縣邑　縣。邑是縣的別稱。⓲功　事。⓳廢　廢棄。⓴過職　過多的職位。㉑絀劣，指才能低下。㉒優賢　優待賢者，禮遇賢者。㉓懲愆　懲處過失，指懲處有過失的官員。

【語　譯】三公九卿不擔任郡守，俸祿二千石的官員不擔任縣令，這是不當的措施。做小官的人能勝任他的職位，因為成績突出而登上高位，因此居於下位的官員就有了競爭。做大官的人不能勝任他的職位，因而降落到下位，因此居於高位的官員就會很謹慎。如果國家治理得不好了，就要對他施以刑罰，對於降職，又有什麼可顧忌的？如果地方上的官職，郡一級的官職不能滿足，而縣一級的事務又廢棄了，這是很可惜的。假如不是因為職位過多並且官員的才智低下，那麼就不降低他的職位，這是用來禮遇好官員的措施；假如是因為職位過多並且官員的才智低下，那麼就降低他的職位，這便是用來懲戒有過失的官員的措施。

孝武皇帝❶以四夷❷未賓❸，寇賊❹姦宄❺，初置❻武功賞官❼以寵❽戰士。若今依此科❾而崇其制❿，置尚武⓫之官，以《司馬兵法》⓬選⓭，位秩⑭比⑮博士，講司馬之典⑯，簡⑰蒐狩之事⑱，掌軍功爵賞⑲，小統⑳於五校㉑，大統於太尉㉒，既周㉓事務㉔，禮㉕亦宜㉖之。周之末葉㉗，兵革㉘繁矣，莫亂於秦㉙，民不荒殄㉚。今國家忘戰㉛日久，每㉜寇難㉝之作㉞，民瘁㉟幾盡㊱，不教民戰，是謂棄㊲之，信㊳矣。

【章旨】這章申述設置崇尚武功的官職，並且應該教民軍事。

【注釋】❶孝武皇帝　即漢武帝劉徹（西元前一五六～前八七年），漢代諡法，自惠帝始都在皇帝諡號前加「孝」字，取「孝子善述父之志」義。漢武帝是景帝之子，西元前一四〇～前八七年在位。他採取了一系列鞏固統治的措施，並且多次對外用兵，開拓了疆土。在位期間，是西漢一代最強盛時期。❷四夷　古代華夏族對周邊少數民族統稱「四夷」，夷是地處鄙遠，未開化未歸服之意，故含有輕蔑之意。❸賓　賓服；歸服。❹寇賊　盜賊。❺姦宄　犯法作亂。❻置　設置。❼賞官　封官。❽寵　榮耀；鼓勵。❾科　指法律條文。❿崇其制　推崇這一制度。⓫尚武　崇尚武功。⓬司馬兵法　古代兵書，漢代時有一百五十五篇，隋時有三卷，不分篇，今存一卷。《司馬兵法》在春秋時已出現，齊威王使大夫追論古《司馬兵法》，曾把齊國名將司馬穰苴的著作附於其中。⓭選　挑選。⓮位秩　官位和俸祿。⓯比　比照；相當於。⓰典　典籍，這裡指兵法。⓱簡　檢閱；檢查。⓲蒐狩之事　指狩獵之類事情。古稱春獵為蒐，冬獵為狩。古代用狩獵來作軍事演習。⓳軍功爵賞　按戰功來封爵行賞。⓴統　統領。㉑五校　漢代對步兵、屯騎、長水、越騎、射聲五校尉的合稱。㉒太尉　秦至西漢時設置的軍事首腦，與丞相、御史大夫並稱三公。漢武帝時改稱大司馬，東漢光武帝時復，與司徒、司空，並稱三公。歷代亦多曾沿置，但漸變為加官，無實權。㉓周　周到；完備。㉔事務　事情；事業。㉕禮禮儀；禮法。㉖宜　適宜；合宜。㉗周之末葉　周朝末年。周，西元前十一世紀周武王滅商後建立，建都於鎬，西元前七七一年申侯聯合犬戎攻殺周幽王，次年周平王東遷雒邑。歷史上稱平王東遷以前為西周，以後為東周。東周時又可分為春秋和戰國兩個時期。西元前二五六年為秦所滅。共歷三十四王，八百多年。㉘兵革　兵器衣甲的總稱，引申為戰爭。兵，指兵器、武器。革，指用皮革製的甲。㉙秦　西元前二二一年秦王政統一中原，自稱始皇帝，建都咸陽；西元前二〇六年為劉邦所滅，共歷二世，統治十五年。㉚荒殄　荒蕪滅絕。㉛忘戰　忘記戰事，指社會安定。㉜每　每當。㉝寇難　指外患內憂所造成的災難。寇指外敵入侵，難指內亂。㉞作　興起；產生。㉟瘁　勞苦。㊱幾盡　差不多嚐遍。幾，幾乎；差不多。盡，遍；全。㊲棄　拋棄。㊳信　確實。

【語　譯】漢武帝因為四周的少數民族沒有歸服，國內盜賊犯法作亂，始設用武功封官的舉措來鼓勵戰士。如今依照這一條例而提倡這個制度，設立崇尚武功的官職，用《司馬兵法》來挑選人才，使他們的官位和俸祿相當於博士的待遇，講習《司馬兵法》這類兵書，檢閱狩獵之類事情，掌握以戰功授爵行賞的制度，小規模的軍隊由五軍校尉統領，大規模的軍隊由太尉統領。這樣既完備了事務，又合乎了禮法。周朝末年以來，戰爭頻繁，戰亂之苦莫過於秦朝，老百姓幾乎荒棄滅絕。現在國家長期安定忘記了戰爭，每當內亂外患發生，老百姓幾乎各種勞苦都嚐遍了。孔子說：「不教老百姓演習軍事，這是拋棄他們。」確實如此啊！

或問曰：「州牧、刺史、監察御史❶，三制孰優❷？」曰：「時制❸而已。」曰：「天下不既❹定❺其牧❻乎？」曰：「古諸侯建國家，世位❼權柄❽存❾焉。於是置諸侯之賢者以牧，總❿其紀綱⓫而已，不統⓬其政⓭，不禦⓮其民。今郡縣無常⓯，權輕不固⓰，而州牧秉⓱其權重，勢⓲異⓳於古，非所以強幹弱枝⓴也，而無益治民之實㉑。監察御史斯㉒可也。若權時之宜㉓，則異論㉔也。」

【章　旨】這章評論設置州長官的是非得失。

【注　釋】❶州牧刺史監察御史　西漢武帝時，分全國為十三部（州），部置刺史，以六條察問郡縣，相當於監察御史性質。成帝時，改刺史為州牧，後或稱刺史，或稱州牧，東漢靈帝時，又改刺史為州牧，並提高其地位，居郡守之上，掌握一州的軍政大權。秦漢時設御史監察諸郡，故稱監察御史，州牧、刺史的職能初期相當於御史，後來州牧的職權才日重。❷孰優　哪個好。孰，誰；哪個。❸時制　按照時勢設制的意思。❹既　已經。❺定　確定；制定。❻牧　主事之官。❼世位　世代相傳的職位。❽權柄　權力。❾存　存在。❿總　總合；綜理。⓫紀綱　法制。⓬統　統領；統治。⓭政　行政；政事。⓮禦　通「御」。統治。⓯無常　沒有定制的意思。⓰固　穩固；穩定。⓱秉　掌握；把持。⓲勢　情勢。⓳異　相異；不同。⓴強幹弱枝　比喻加強中央權力，削弱地方勢力。幹，比喻中央政權。枝，比喻地方勢力。㉑實　實質。㉒斯　則。㉓權時之宜　衡量當時實際情況，因時制宜。權，原指秤錘，也指用秤錘稱量，引申為衡量。㉔異論　另當別論的意思。

【語　譯】有人問：「州牧、刺史、監察御史，這三項官制哪個更好？」回答說：「按照時勢設置。」又問：「天下不已經確定州牧為主事之官了嗎？」回答說：「古時候諸侯建立國家，世代相傳的職位和權力保持著，於是設置諸侯中品德高的來作主管，來綜理法制，但不統領行政，也不治理人民。現在郡縣的設置沒有定制，權位輕下而且不穩固，而州牧掌握的權位很重，這情勢與古時不一樣，這不是用來加強中央權力，削弱地方勢力的方法，而且對治理人民的實際沒有好處。監察御史則很適宜。如果是按照實際情況因時制宜來設置州牧，那麼又另當別論了。」

肉刑古❶也。或曰：「復❷之乎？」曰：「古者，人民盛❸焉；今也至寡❹。整眾❺以威❻，撫寡❼以寬❽，道❾也。復刑非務必❿也。生⓫刑而極死⓬者，復之可也。自古肉刑之除⓭也，斬右趾⓮者死⓯也，惟復肉刑，是謂生死⓰而息民⓱。」

【章旨】這章認為是否恢復肉刑，要視具體情況而定。

【注釋】❶古　古時的，指古時實行的。❷復　恢復。❸盛　多。❹至寡　少到極點。❺整眾　整頓眾多的人。❻威　威嚴；威武。❼撫寡　安撫寡少的人。❽寬　寬厚。❾道　規律；法則。❿務必　一定；必須。⓫生　使……生。⓬刑而極死　本當處肉刑而處於死刑。極死，極刑；死刑。⓭除　廢除。⓮斬右趾　把右腳趾砍去。⓯死　指死刑。⓰生死　使死者生。⓱息民　使人民生息。

【語譯】肉刑是古時實行的。有人問：「恢復它嗎？」回答道：「古時候人民眾多，現在少到了極點。整頓眾多的要用威嚴，安撫寡少的要用寬厚，這是法則。恢復肉刑並不是必須的事，為使本當受肉刑但卻處死刑的人存活，所以恢復肉刑是可以的。從前由於廢除了肉刑，卻使得本當斬去右腳趾的人處了死刑，因此，只有恢復肉刑，這才稱得上是讓死者存活並使人民生息。」

問德刑並用，常典❶也。或先或後，時宜❷。刑教❸不行❹，勢極❺也。初教必簡❻，刑始❼必略❽，事漸❾也。教化之隆❿，莫不興行⓫，然後責備⓬。刑法之定⓭，莫不避罪⓮，然後求密⓯。未可以備，謂之虛教⓰。未可以密，謂之峻刑⓱。虛教傷化⓲，峻刑害民，君子弗由⓳也。設⓴必違㉑之教，不量㉒民力之未能，是招㉓民於惡也，故謂之傷化。設必犯之法，不度㉔民情之不堪㉕，是陷㉖民於罪也，故謂之害民。莫不興行，則一毫㉗之善，可得而勸㉘也，然後教備。莫不避罪，則纖介㉙之惡，可得而禁也，然後刑密。

【章　旨】這章申述治理天下要恩德和刑罰並行。

【注　釋】❶常典　常例；慣常的法典。❷時宜　因時制宜。❸刑教　刑罰和教化。❹行　實行。❺勢極　指情勢發展到了極點。❻簡　簡略；簡單。❼始　開始；起始。❽略　簡略。❾事漸　事情逐漸發展。❿隆　興盛。⓫興行　盛行。⓬責備　求得完美。備，完備；完美。⓭定　確定。⓮避罪　避免犯罪。⓯求密　求得完善。密，細密；細緻。⓰虛教　流於表面的教化。⓱峻刑　嚴刑；酷刑。⓲傷化　傷害教化；損害教化。⓳弗由　不經過；不採用。由，經由，這裡是採用之意。⓴設　設立；建立。㉑必違　必定會違犯，沒法避免。㉒量　估量。㉓招　招致；致使。㉔度　揣度；估計。㉕堪　承受。㉖陷　使……陷入。㉗一毫　比喻非常細小。㉘勸　勸勉；鼓勵。㉙纖介　細小的草芥，比喻非常細微。纖，細小。介，通「芥」。草芥；小草。

【語　譯】有人問恩德和刑罰並用之事，這是慣常的法典。這兩者哪種先用哪種後用，得要因時制宜。刑罰和教化不實行是情勢發展到了極點的時候。剛教化時一定很簡單，剛開始用刑時一定很簡略，這是事物逐漸發展的緣故。教化的興盛，沒有不先使它盛行，然後再求得完備的。刑法的制定，沒有不先因為人們鑽法律漏洞，然後求得完善的。不達到興盛就求完備，便稱為流於表面的教化；刑法不必要細密而求細密，就稱為嚴刑。流於表面的教化損害教化，嚴刑禍害百姓，君子不採用它。建立一定會被違反的教化，不估量百姓的力量不能達到，這是致使百姓作惡，因此稱為損害教化；建立一定會被觸犯的刑法，不估量人民的生活不能承受，這是使人民陷入犯罪，因此稱為禍害人民。當教化到了無一不盛行的階段，則極小的善因，也能夠得以鼓勵，自此以後教化才能完備；當刑法到了無人不鑽法律漏洞的階段，則極細微的惡因，便可得以禁止，這樣做後刑法才算完密。

或問復讎，古義❶也。曰：「縱❷復讎可乎？」曰：「不可。」曰：「然則❸如之何？」曰：「有縱❹有禁❺，有生❻有殺❼，制❽之以義，斷❾之以法，是謂義法並立❿。」曰：「何謂也？」「依古復讎之科，使父讎⓫避諸⓬異州⓭千里；兄弟之讎避諸異部⓮五百里；從父⓯從兄弟⓰之讎，避諸異縣百里。弗避而報⓱者無罪，避而報之殺⓲。犯王禁⓳者罪也，復讎者義也。以義報罪，從王制，順⑳也；犯制，逆㉑也，以逆順生殺㉒之。凡以公命㉓行止㉔者，不為弗避㉕。」

【章　旨】這章申述有關復仇的法令和條例。

【注　釋】❶古義　古人的風義。❷縱　放縱；放任。❸然則　既然這樣；那麼。❹有縱　有些情況要開放。❺有禁　有些情況要禁止。❻有生　有些情況下要讓人活著。❼有殺　有些情況下要處死。❽制　制定。❾斷　判斷；判決。❿並立　並行。⓫父讎　指殺死了他人之父，與他人結仇的。⓬諸　「之於」的合音。⓭異州　別的州。東漢時的州為郡以上的一級行政區域。⓮異部　當作「異郡」，別的郡。郡為東漢時州以下的行政區域。⓯從父　父親的兄弟，即叔伯。⓰從兄弟　從父之子，即堂兄弟。⓱報　報復。⓲殺　指處死刑。⓳犯王禁　觸犯國家的禁令。⓴順　指順理；合法。㉑逆　逆理；違法。㉒以逆順生殺　按照復仇行為究竟是違法還是合法，來決定復仇之人的生或死。㉓公命　指國家法令。㉔行止　或行或止，行動或停止。㉕弗避　不躲避。指躲避復仇。

【語　譯】有人問復仇之事，這是古人的風義。問：「放任復仇可以嗎？」回答道：「不可以。」問：「既然這樣，那麼如何處理它呢？」回答道：「有些情況下要放任，有些情況下要禁止；有些情況下要使復仇者存活，有些情況下要處死復仇者。要按仁義來制定它，按法律來判斷它，這就叫做仁義和法制並用。」問：「怎麼說呢？」回答道：「按照古時復仇的法令條例，使與他人結有父仇的人躲避到千里之遠的別州去，與他人結有兄弟之仇的人躲避到五百里之遠的別郡去，與他人結有從父、從兄弟之仇的人躲避到百里之遠的別縣去。如果不躲避而遭到報復的話，報復的人無罪；如果躲避到了別處而遭到報復的話，報復的人要處死。觸犯國家法令是犯罪，復仇則是有情義。依照情義報復而獲罪，如果根據國家法令而為，便是合法的；如果違犯了法令，那就是違法的行為。根據復仇行為究竟是違法還是合法，來決定復仇之人的生或死。凡是按照國家的法令行事的，就不算是不躲避復仇。」

或問祿❶。曰：「古之祿也備❷，漢之祿也輕❸。」「夫祿必稱位❹，一物不稱，非制也。公祿❺貶❻則私利❼生，私利生，則廉者❽匱❾而貪者❿豐⓫也。夫豐貪生私⓬，匱廉貶公⓭，是亂也，先王重⓮之。」曰：「今祿如何？」曰：「時匱⓯也。祿依⓰食，食依民，參⓱相澹⓲。必也正貪祿⓳，省閑冗⓴，與時消息㉑，昭惠㉒恤下㉓，損益㉔以度㉕可也。」

【章旨】這章申述對漢代俸祿問題的看法，認為俸祿是否增加，要依當時人民的經濟狀況而定。

【注釋】❶祿　俸祿。❷備　充足；豐厚。❸輕　薄；少。❹稱位　與職位相稱。❺公祿　國家的俸祿。❻貶　貶低；降低。❼私利　一己的利益。❽廉者　清廉的人。❾匱　匱乏；缺少。❿貪者　貪婪的人。⓫豐　豐厚。⓬豐貪生私　貪婪者錢財豐厚了就會產生私心。⓭匱廉貶公　清廉者錢財匱乏了就會降低公心。⓮重　重視。⓯時匱　現時是匱乏的。時，當時。⓰依　依據。⓱參　通「三」。指祿、食、民三者。⓲澹　通「贍」。供應；供給。⓳正貪祿　糾正貪圖俸祿的現象。⓴省閑冗　裁減閒散多餘的官員。閑，閒散。冗，多餘無用。㉑消息　生滅；盛衰，指隨著時代的變化而變化。消，消滅。息，增長。㉒昭惠　顯示恩惠。㉓恤下　憐惜下情。㉔損益　或損或益，或減少或增長。㉕度　計量長短的標準，這裡指標準。

【語　譯】有人問俸祿之事道：「古時的俸祿充足，漢代的俸祿不足。」回答說：「俸祿的多少一定要與他的職位相稱，其中有一樣不相稱，就不是定制。國家的俸祿降低了則私人的利益就產生了，私利產生了，那麼清廉的人就物質缺乏，而貪婪的人物質豐厚。貪婪者物質豐厚了就會產生私心，清廉者物質缺乏了就會降低公心，這是禍亂，先代的聖王很重視這一點。」問：「俸祿可以增加嗎？」回答道：「現時是缺乏的。俸祿根據糧食的多少，而糧食依靠百姓生產出來。這三者有連帶關係。一定得糾正貪圖俸祿的現象，裁減閒散多餘的官員，隨著時代的變化而變化，顯示恩惠憐惜下情，按照實際標準來增加或者減少。」

諸侯不專封❶。富人名田❷踰限❸，富過❹公侯❺，是自封❻也。大夫❼不專地❽，人賣買由己，是專地也。或曰：「復井田❾與❿？」曰：「否⓫。專地非古也，井田非今也。」「然則如之何？」曰：「耕而勿有⓬，以俟⓭制度⓮可也。」

【章　旨】這章申述對專地即自由支配土地現象的看法，提出了只耕種而不占有土地的觀點。

【注　釋】❶專封　指掌握分封土地的權力。專，專有；掌握。封，分封，指分封土地。❷名田　指以私人名義占有田地。❸踰限　超過限度，超過規定的程度。❹過　超過。❺公侯　指大貴族。古代將貴族爵位分為公、侯、伯、子、男五等，公侯是第一、第二等。❻自封　擅自分封，私自占有。❼大夫　周代在國君之下有卿、大夫、士三等，後以大夫為任官職的稱呼。❽專地　指自由支配土地。❾井田　相傳為西周時實行的一種土地制度，以方九百畝的地為一里，劃為九區，其中為公田，八家均私田百畝，同養公田。因形如井字，故名。❿與　通「歟」。⓫否　不。⓬耕而勿有　只耕種但不占有土地。⓭俟　等待；等到。⓮制度　制訂法度；建立法度。

【語　譯】諸侯不得掌握分封土地的權力。富人以私人名義占有土地超過限度，富裕超過公侯，這是私自占有。擔任官職的人不得支配土地。賣買土地由私人自己決定，這是專有土地。有人問：「恢復井田制度嗎？」回答道：「不。專有土地並非古代的事，井田制也並非現代的事。」問：「既然這樣那怎麼辦？」回答道：「只耕種而不占有土地，等著制定法度就行了。」

或問貨。曰：「五銖之制❶宜矣。」曰：「今廢❷，如之何？」曰：「海內既平❸，行❹之而已。」曰：「錢散❺矣，京畿❻虛❼矣，其勢必積❽於遠方。若果❾行之，則彼以無用之錢，市❿吾有用之物，是匱匠⓫而豐遠⓬也。」曰：「事勢有不得⓭，官⓮所急⓯者穀⓰也。牛馬之禁，不得出百里之外。若其他物，彼以其錢，取之於左，用之於右，貿遷⓱有無，周⓲而通⓳之，海內一家，何患⓴焉？」曰：「錢寡矣。」曰：「錢寡民易㉑矣。

若錢既通而不周於用，然後官鑄㉒而補㉓之。」或曰：「收㉔民之藏錢者，輸㉕之官牧㉖，遠輸之京師㉗，然後行之。」曰：「事枉㉘而難實㉙者，欺慢㉚必眾，奸偽㉛必作㉜，爭訟㉝必繁㉞，刑殺㉟必深㊱。吁嗟㊲！紛擾㊳之聲，章㊴乎天下矣，非所以撫㊵遺民㊶，成緝熙㊷也。」曰：「然則收㊸而積㊹之與？」曰：「通市㊺其可也。」或曰：「改鑄四銖㊻。」曰：「難矣。」或曰：「遂㊼廢㊽之。」曰：「錢實便於事用㊾，民樂㊿行之，禁之難。今開難令(51)以絕便事(52)，禁民所樂，不茂(53)矣。」曰：「起而行之(54)，錢不可，如之何？」曰：「尚(55)之廢之，弗得已，何憂焉？」

【章　旨】這章討論貨幣的流通問題。作者認為貨幣要便於流通，使老百姓樂於使用。

【注　釋】❶五銖之制　漢武帝元狩五年開始鑄造的一種貨幣，重五銖（銖是古代重量單位，漢代以一百粒黍米為一銖，二十四銖為一兩），上篆「五銖」兩字，稱「五銖錢」，西漢時大量流通。西漢末年王莽改制，曾經禁止流通。東漢光武帝即位後，恢復使用。❷廢　廢除。❸平　安定，指平定了董卓之亂。❹行　實行。❺散　流散；散失。❻京畿　指國都和附近地區。畿原指國都所在之處的千里地面，後指京城所管轄的周邊地區。❼虛　空虛。❽積　聚積。❾果　果斷；堅決。❿市　購買。⓫匱匠　使近處匱乏。匠，「近」之訛。⓬豐遠　使遠方豐足。⓭不得　迫不得已的意思。⓮官　官府；公家。⓯急　急需，指急需之物。⓰穀　穀物；糧食。

⑰貿遷　交換遷移。⑱周　循環。⑲通　流通。⑳患　擔憂；擔心。㉑錢寡民易　錢幣少則老百姓使用方便。易，簡易；方便。㉒官鑄　官府鑄造。㉓補　補充；補足。㉔收　收取。㉕輸　輸送。㉖官牧　指官府。㉗京師　京城；首都。㉘事枉　事情徒勞。枉，枉然；徒勞。㉙難實　難以取得實際的效果。實，實效。㉚欺慢　欺騙怠慢。㉛奸僞　奸邪，指各種奸邪之事。㉜作　產生。㉝爭訟　爭執是非。㉞繁　多。㉟刑殺　指被處以肉刑和死刑。㊱深　指嚴酷。㊲吁嗟　歎息聲。㊳紛擾　紛亂。㊴章　通「彰」。彰明；顯明。㊵撫　安撫。㊶遺民　劫後殘留的人民。㊷緝熙　光明的樣子。㊸收　收取。㊹積　積聚。㊺通市　往來貿易。㊻四銖　即半兩錢，漢文帝時開始鑄造，重四銖，錢上篆文「半兩」，至漢武帝時廢止。㊼遂　就；於是。㊽廢　廢除。㊾事用　實用。㊿樂　樂於。(51)開難令　制訂難於實行的法令。(52)絕便事　禁絕方便的事情。(53)茂　盛；興旺。(54)起而行之　立即實行它。(55)尚　崇尚。

【語　譯】有人問貨幣之事。回答道：「實行五銖錢是很適宜的。」問者說：「現在廢棄了，怎麼辦？」回答道：「天下已經平定了，實行它就是了。」問者說：「錢幣散失了，國都一帶已經空虛了，看這情勢一定是積聚在遠方了。如果堅持要實行它，那遠方之人拿無用的錢幣來購買我們這裡有用的貨物，這就使近處缺乏而使遠方豐足了。」回答道：「事勢有迫不得已的時候，官府所急需的是穀物。對牛馬實行禁令，規定不能輸送到百里之外去。至於其他的貨物，他方用錢幣，從這裡購得，在那裡使用，交換轉移，互通有無，循環流通。天下一家，有什麼好擔憂的？」問者說：「但錢幣就變少了。」回答道：「錢幣少人民就使用方便了。如果錢流通了卻不能循環使用，這樣一來官府便會鑄造來補足它。」又有人說：「收取民間收藏的錢幣，輸送到官府，再由官府遠送到京城去，然後流通它。」回答道：「事情徒勞而難於取得實效。被欺騙怠慢的人一定很多，各種奸邪之事一定會產生，是非爭執一定會增多，肉刑和死刑的處罰必然很嚴酷。唉，紛亂的聲音，昭然於天下，這不是用來安撫劫後殘餘的人民，造成光明局面的方法啊！」那人問：「既然這樣，那麼收取並且積聚錢幣嗎？」回答道：「往來交易就行了。」又有人說：「改鑄四銖錢。」回答道：「很難實行啊。」又有人說道：「那就廢除它吧。」回答說：「錢幣確實便於使用，老百姓樂意使用它，禁止使用是難以做到的。現在制訂了難於實行的法令來禁絕方便的事情，禁止老百姓樂意使用的東西，那市場就不興旺了。」問道：「立即實行它，對錢幣來說是不能做到的，那怎麼辦？」回答說：「錢幣的提倡還是廢除，不是人力能夠辦到的，有什麼好擔憂的呢？」

聖王先成民❶，而後致力❷於神❸。民事未定，郡祀❹有闕❺，不為尤❻矣。必也舉其重❼而祀之，望祀❽五嶽❾四瀆❿，其神之祀，縣有舊常⓫。若今郡祀之，而其祀禮物⓬從鮮⓭可也。禮重本⓮，示民不偷⓯，且昭⓰典物⓱，其備物⓲以豐年，日月之災降異⓳，非舊⓴也。

【章旨】這章申述自己對祭祀一事的看法。作者認為要先民事後祭祀，祭祀的禮儀和禮品也應當減省。

【注釋】❶成民　成就民事，把老百姓的事情做好。❷致力　盡力。❸神　神靈。❹郡祀　各郡舉行的祭神儀式。❺闕　通「缺」。欠缺；不足。❻尤　過；過失。❼舉其重　挑選其中重要的。❽望祀　望而祀之，古代專指祭祀山川。❾五嶽　傳說為群神所居的五座名山，歷代帝王祭祀於此。五嶽制度起始於漢武帝，漢宣帝時確定以嵩山（在今河南境內）為中嶽，泰山（在今山東境內）為東嶽，天柱山（在今安徽）為南嶽，華山（在今陝西）為西嶽，恆山（在今河北曲陽西北）為北嶽。後代改衡山（在今湖南）為南嶽，隋以後成為定制，明代開始以在今山西渾源的恆山為北嶽，清代移祀北嶽於此。⑩四瀆　古代帝王所祭祀的四條獨流入海的大河，即江（長江）、河（黃河）、淮（淮水）、濟（濟水），古時淮、濟也獨流入海。唐開始以大淮為東瀆，大江為南瀆，大河為西瀆，大濟為北瀆，為後代所沿襲。⑪舊常　舊例。常，慣例。漢時望祀定制，為五嶽四瀆所在或經過之地各確定一縣建立廟宇，作為祭祀的場所。如漢時岱宗（泰山）廟在博縣西北三十里，有山官長期駐守，十月日令凍，臘月日涸凍，正月日解凍，皆由所在郡的太守親自守侍。祭法是以七十萬五千三牲燔柴上福，脯三十胸縣次傳送京師。其他四嶽四瀆的祭法與泰山的相同。⑫禮物　指禮儀和物品。⑬鮮　少；輕。⑭本　本質；根本。⑮偷　苟且。⑯昭　昭示；顯示。⑰典物　典章和物品，指祭典和祭物。⑱備物　齊備物品。⑲降異　降下災異。異，異物；不常見的東西，古人認為這是災害的徵兆。⑳非舊　指不合舊制，與舊時不同。

【語　譯】聖明的帝王先做好與民生有關的事情，然後才盡力於祭神。有關民生的事情還沒有上軌道，以致於各郡中祭神的儀式有所不足，這並不算是過失。但一定要挑選其中重要的來舉行祭祀，如五嶽四瀆的望祀，祭祀它們的神靈，在縣中都有舊時的制度可以按照。如今對它們進行郡祀，祭禮和祭物從輕就可以了。禮儀注重本質，向老百姓表示不苟且，並且顯示出有這一制度和祭物就行了，到年成好的時候再齊備祭品。在日月降下災異，年成不好的時候卻辦得很隆重，這也是不合舊制的。

天人之應❶，所由來漸❷矣。故履霜堅冰❸，非一時❹也。仲尼❺之禱❻，非一朝❼也。且日食❽行事❾，或稠❿或曠⓫，一年二交⓬，非其常⓭也。《洪範傳》⓮云：「六沴⓯作見⓰，若是王都⓱未見之，無聞⓲焉⓳爾。」官修⓴其方㉑，而先王之禮，保章視祲㉒，安宅敘降㉓，必書㉔雲物㉕，為備故㉖也，太史㉗上事㉘無隱㉙焉，勿寢㉚可也。

【章　旨】這章申述天人感應問題。作者認為天人感應的說法由來已久，值得重視。

【注　釋】❶天人之應　漢武帝時儒學思想家董仲舒提出的學說，認為天意與人事交感相應，天能干預人事，預示災祥，人的行為也能感應上天。❷漸　漸進，逐漸發展。❸履霜堅冰　見《易經・坤卦》：「履霜堅冰至。」意思是踩在霜上就可以知道寒冬將至。履，踩；踏。堅冰，堅硬的冰，喻寒冬。❹一時　一下子；短時期。❺仲尼　指孔子，名丘，字仲尼。❻禱　禱神。據《史記・孔子世家》載，孔子之父叔梁紇與母顏氏女野合，並且禱於尼丘（即今山東曲阜東南的尼山）而得孔子，孔子出生時頭上圩頂（頭頂中央低而四邊高），因此取名為丘，字為仲尼。❼一朝　一個早晨，喻時間極短。❽日食　又叫「日蝕」，當月球運行至太陽與地球之間，成一條直線時，太陽被月球部分或全部遮掩的現象。太陽被月球全部遮掩的稱日全食，部分遮掩的稱日偏食。古人迷信，認為日食的出現預示著人事，帝王要修明政事，避免禍患。❾行事　指出現。❿稠　指次數頻繁。⓫曠　指次數稀少。⓬一年二交　指一年中出現兩次日食。交，合，指月球與太陽相合而成日食。⓭常　常規，指正常。⓮洪範傳　即《洪範五行傳》。〈洪範〉為《尚書》之一篇，舊說以為商末箕子所作，以此向周武王陳述天地大法，漢儒盛行的「天人感應」說，常以此作為立論根據。漢代劉向作《洪範五行傳》十一篇，以上古至秦漢之各種變異，分列條目，附會為朝政、人事禍福的徵兆，認為發生自然災害是上天對人的一種警告和懲罰。書已佚，基本內容保存於《漢書・五行志》中。⓯六沴　指六氣不和而生的災害。六指六氣，即陰、陽、風、雨、晦、明六種自然變化現象。沴是因氣不和而生的災害。⑯作見　發生；出現。見，通「現」。出現。⑰王都　國都；都城。⑱無聞　不用過問；不用關心。聞，通「問」。過問。⑲焉　「於此」的合音。⑳官修　由史官記載。官，指史官。修，修書；記載史事。㉑方　方版；方策，古代書寫用的竹木簡，即書籍。㉒保章視祲　由保章來觀察記載天象的異變。保章是周代掌觀察記載天象變化，以視吉凶的官職，相當於秦漢時的太史令、宋元的司天監、明清的欽天監。視，察看。祲，指陰陽相侵的災禍之氣。㉓安宅敘降　安居於室，將所降下的災禍一一禳除。安宅，安居於室。敘，序；依次。降，下，指降服災禍。㉔書　記錄下來。㉕雲物　指日邊雲氣的顏色，古人憑此以觀測吉凶水旱。㉖備故　防備變故。㉗太史　周代及秦漢時期掌管史事、天文曆法等的官職。㉘上事　指向君主奏報災異之事。㉙無隱　不隱瞞，直言其事。㉚寢　停止。

【語　譯】天人感應這一學說由來已久。因此踩在霜上就可以知道寒冬堅冰將至，這不是一時之間就能體現出來的；孔子的父母在尼山禱神而生下孔子，也不是一朝之內就能達到的。況且日食的出現，有時候次數頻繁，有時候次數稀少，一年之中出現兩次，這就不正常了。《洪範傳》上說：「六氣不和而產生的災害出現了，如果在都城中沒有發現它，就不用過問它了。」由史官將史事記載在簡冊上，按照先王時的規矩，由保章來觀察記載天象的異變，安居於室，將天災一一禳除。也一定將日邊雲氣的顏色記錄下來，用來防備變故，太史向君王奏報時不隱瞞這些事情，對這樣的規矩不要廢除掉才好。

天子南面❶聽天下❷，嚮明而治❸，蓋取諸離❹，天之道也。月正聽朝❺，國家之大事也。宜❻正❼其儀❽，以明❾舊典❿。

【章　旨】這章認為月正聽朝是國家大事，應該慎重其事。

【注　釋】❶南面　古代以面向南為尊位，帝王的座位面向南，南面就成了居帝位的代稱。❷聽天下　治理天下。聽，處理。❸嚮明而治　天將亮就處理公事。嚮明，天將亮。❹離　明。以上幾句出自《易經・說卦》：「離也者，明也。萬物皆相見，南方之卦也。聖人南面而聽天下，嚮明而治。」❺月正聽朝　指古代帝王在每月的初一舉行上朝儀式，並且處理朝政。後來只在每年的歲首正月初一和十月初一舉行。❻宜　應該；應當。❼正　糾正；端正。指恢復每月初一聽朝的儀式。❽儀　儀式。❾明　表明；顯示。❿舊典　指舊時的儀式，典，典禮；儀式。

【語　譯】帝王面向南而治理天下，在天將亮時處理公事，這是取《易經・說卦》所說的離即明的意思，這是符合天道的。帝王在每月初一舉行上朝儀式並且處理朝政，這是國家大事。應當端正這一儀式，用來表明舊時的典禮。

古有掌陰陽之禮❶之官，以教後宮❷，掌婦學之法❸：婦德❹、婦言❺、婦容❻、婦功❼。各率❽其屬❾，而以時❿御序⓫於王。先王禮也，宜崇⓬其教以先內政⓭，覽⓮列圖⓯，誦⓰列傳⓱，遵⓲典行⓳。內史⓴執其彤管㉑，記善㉒書過㉓，考行㉔黜陟㉕，以章㉖好惡㉗。男女正位乎外內，正家而天下定矣。故二儀㉘立而大業㉙成，君子之道，匪闕㉚終日㉛，造次㉜必於是㉝。

【章　旨】這章申述對後宮婦女的教養問題，認為把家庭整治好了，天下也就可以安定了。

【注　釋】❶陰陽之禮　男女不同的禮法規範。中國古代哲學用陰陽這個概念來解釋自然界兩種對立和相互消長的事物，這裡的陰陽指男女。❷後宮　妃嬪所居的宮室，這裡指妃嬪，皇帝的妻妾。❸婦學之法　指婦女教育的規則。《周禮．天官．內宰》認為內宰之職「以陰禮教六宮，以陰禮教九嬪，以婦職之法教九御，使各有屬」。掌陰陽之官即《周禮》所說內宰。❹婦德　婦女的德行，舊時要求婦女德行貞順。❺婦言　婦女的言辭，舊時要求婦女言辭和柔。❻婦容　婦女的儀容，舊時要求婦女儀容端莊柔順。此兩字各本皆脫，據《禮記．昏義》「教以婦德婦言婦容婦功」補。❼婦功　即「婦工」，指紡織、刺繡、縫紉等事。《周禮．天官．九嬪》：「掌婦學之法，以教九御婦德、婦言、婦容、婦功。」婦德、婦言、婦容、婦功是舊時婦女的「四德」。❽率　帶領。❾屬　官屬；手下。❿以時　按時。⓫御序　依次侍奉。御，侍奉。序，次；依次。⓬崇　尊崇；提倡。⓭內政　指宮中的事務。⓮覽　觀看。⓯列圖　指列女圖。劉向撰《列女傳》七卷，配以畫像，列圖指此。⓰誦　誦讀。⓱列傳　指《列女傳》，西漢劉向撰，七卷，列記古代婦女事跡一百零四則，每則都有贊語，分〈母儀〉、〈賢明〉、〈仁智〉、〈貞順〉、〈節義〉、〈辯通〉、〈嬖孽〉七類。⓲遵　遵守。⓳典行　準則行為。⓴內史　即女史，宮中女官。據《周禮．天官．女史》，以知書婦女充任，佐助內宰掌管有關王后禮儀的典籍。又《周禮．春官．世婦》屬下有女史二人，掌管書寫文件等事。這裡的內史當指前者。㉑彤管　赤管筆，女史記事所用。㉒善　善行。㉓過　過失。㉔考行　考較行為。㉕黜陟　進退；升降，古代稱降級為黜，升級為陟。㉖章　通「彰」。顯明；表明。㉗好惡　善惡；美醜。㉘二儀　這裡指男女外內之位。㉙大業　指定天下、使天下安定。㉚匪闕　不缺。匪，通「非」。闕，通「缺」。㉛終日　整天，這裡指一天。㉜造次　輕率，這裡指出現差失。㉝是　這，指「二儀」即男女外內之位。

【語　譯】古代有掌管男女不同的禮教的官職，它用來教導宮中妃嬪，掌管婦德、婦言、婦容、婦功這些婦女教育的法規。各自帶領她們的下屬，按時依次侍奉帝王。這是先王傳下來的禮法，應該提倡這種教育，先管理好宮中事務，讓妃嬪們觀看列女圖，誦讀《列女傳》，按照婦女規範行事。宮中女史拿著赤管筆，將妃嬪們的善行和過失記錄下來，考較她們的行為來決定她們的升降，並且用來表明她們的善惡德行。男女內外有別的地位端正了，家庭整治好了，天下也就安定了。因此男女內外的地位確立了，治理天下這大事業也就完成了，這是君子所應遵循的道，一天也不可缺少。如果出現了差失，也一定是由於這一點沒有做好。

備博士，廣❶太學❷，而祀❸孔子焉，禮也。仲尼作經❹，本一❺而已，古今文❻不同，而皆自謂❼真本經❽。古今先師❾，義一❿而已，異家別說⓫不同，而皆自謂古今⓬。仲尼邈⓭而靡質⓮，昔先師沒⓯而無聞⓰，將誰使⓱折⓲之者？秦之滅學⓳也，書藏於屋壁⓴，義絕於朝野㉑，逮至㉒漢興㉓，收摭㉔散滯㉕，固㉖已無全學㉗矣。文有磨滅㉘，言有楚夏㉙，出有先後㉚，或學者先意有所借定㉛，後進㉜相放㉝，彌㉞以滋蔓㉟，故一源十流㊱，天水違行㊲，而訟㊳者紛如㊴也。執㊵不俱是㊶，比而論之㊷，必有可參㊸者焉。

【章　旨】這章提出了要完備博士制度，擴大太學規模。對當時盛行的經學今古文之爭提出了自己的看法。

【注　釋】❶廣　擴充；擴大。❷太學　即國學。相傳殷周時代即有古太學。漢武帝時始置太學，立五經博士。隋以後設置的國子監，相當於先代的太學。❸祀　祭祀。❹仲尼作經　相傳孔子曾刪訂《詩》、《書》，編定《禮》、《樂》，替《周易》作贊（即評語），撰修《春秋》。這些說法不一定可靠，但孔子熟悉古代典籍，可能曾作過某種整理工作。因為上述六部典籍相傳經孔子整理過，漢代就尊它們為經，稱「六經」，又《樂》已亡佚，又稱除《樂》外的五部典籍為「五經」，漢武帝時立有傳授這五部典籍的五經博士。❺本一　原本是同一的；本來只有一個，即本來只用同一種文字書寫。❻古今文　西漢時，政府所設五經博士，所授經文都用當時通行的隸書寫成，稱今文。景帝時，魯恭王劉餘從孔子故宅牆壁中取得《禮記》、《尚書》、《春秋》、《論語》、《孝經》等，都是用漢以前的文字書寫，稱為古文。另外，河間獻王劉德也把他所得的古文經傳獻給朝廷。由此經書便有古文、今文之分。今、古文經不但書寫的字體不同，字句、篇章、解釋，以及對古代的制度、人物的評價等都有出入，由此產生今古文學派之爭。西漢經師多不信古文，到王莽時古文才列入學官，光武帝時又罷廢。至東漢末，馬融、服虔、鄭玄等都尊奉古文，學習古文經的人漸多，今古文學派之爭更趨激烈。❼自謂　自稱。❽真本經　原本的經書。❾先師　先代經師。❿義一　指經書的義理是同一的。⓫異家別說　不同的學派不同的學說。⓬自謂古今　自稱是古文經或今文經。⓭邈　遠，指時代久遠。⓮靡質　沒法詢問。質，質詢；詢問。⓯沒　通「歿」。死亡；亡故。⓰聞　請教。⓱誰使　使誰；讓誰。⓲折　折中；判斷。⓳秦之滅學　指秦始皇時焚書坑儒，毀滅學術。⓴書藏於屋壁　指儒家等學派的書籍民間不敢流傳，把它們收藏在牆壁中。㉑義絕於朝野　指儒家的經義在天下失傳了。義，指儒家經書的義理。絕，斷絕。朝野，朝廷和民間。㉒逮至　等到。逮，及。至，到。㉓漢興　漢朝興起。㉔收摭　收拾。摭，拾取。㉕散滯　散失遺落。滯，遺落。㉖固　本來。㉗全學　完整的學說。㉘磨滅　消失；湮滅。㉙言有楚夏　指有各種不同的方言。楚是周代南方國家，風俗、語言都跟北方的中原諸國不同，被視作「南蠻」。夏，諸夏，指中原諸國，是周王朝統制下的諸侯國，風俗、語言等共通。㉚出有先後　指今、古文經書的出現、流傳等有先有後。㉛借定　憑臆測加以斷定。㉜後進　後來者；後輩。㉝放　通「倣」。倣效。㉞彌　漸；逐漸。㉟滋蔓　滋長蔓延。㊱一源十流　由一個源頭分出了許多支流的意思。㊲天水違行　如同天和水一樣，相隔很遠，合不到一起。違行，相背而行。㊳訟　爭辯是非。㊴紛如　雜亂的樣子。㊵執　堅持。㊶不俱是　不全對。是，對；正確。㊷比而論之　相比較並且評定它。比，比較。論，評論；評定。㊸參　參考；參用。

【語譯】完備博士制度，增設太學，並且在太學中祭祀孔子，這是禮法。孔子編纂經書，本來用的是同一種文字，後來出現了古文、今文不同的學派，他們都自稱自己才是原本的經書。古今的先輩經師，他們所傳授的經義本是同一的，後來形成了不同的學派和學說，他們都自稱是古文經或今文經。孔子離現在時代久遠，沒法向他詢問；從前的先輩經師也都死亡了，沒法向他們請教，能夠讓誰來判斷這些呢？秦朝時毀滅學術，人們把書籍收藏在牆壁裡，儒家經義在國內滅絕了。等到漢代興起，收拾散失遺留的經書，本來已經沒有完整的學說了。文字有的消失湮滅了，而語言有楚音和華夏之音的區別，各種經書的出現有先有後，有的是學者已經在頭腦中形成了固有的觀念，後輩學者倣效他們，漸漸地滋長擴大，因此同一個源頭就有了許多個支流，這就像天和水那樣相隔很遠，合不到一處，而爭辯是非的人紛紜雜亂。他們所堅持的不全是正確的，但相比較然後作出判斷，也一定有可以參考使用的。

或曰：「至德❶要道❷約❸爾。」典籍甚富❹，如而博之❺以求約❻也。語有之❼曰：「有鳥將來，張羅❽待❾之，得鳥者一目❿也。」今為一目之羅，無時⓫得鳥矣。道雖要也，非博無以通⓬矣。博其方⓭，約其說⓮。

【章旨】這章申述至德要道問題。作者認為至德要道雖然簡約，但也要有廣博的知識才能貫通它。

【注釋】❶至德　最高的德。❷要道　最重要的道。❸約　簡約；簡單。❹富　豐富。❺博之　通曉它。❻求約　求得簡約。❼語有之　俗話有這樣的說法。❽張羅　張設捕鳥的網。羅，捕鳥的網。❾待　守候。❿一目　指一個網眼。⓫無時　沒有時機。⓬通　貫通；通曉。⓭方　方術；方法。⓮說　學說。

【語譯】有人說：「最高的德和最重要的道是很簡約的。」書籍很豐富，如何去通曉它而求得簡約呢？俗語說：「有鳥將飛來，張設鳥網守候它，捕到鳥兒的只是一個網眼。」現在若只結一個網眼的網，用它來捕鳥就沒有捕到鳥的時候。道雖然很簡要，但不廣博的話就不能夠貫通它。因此，要使方法廣博而學說簡約。

赦令，權❶也。或曰：「有制❷乎？」曰：「權無制，制其義❸，不制其事，巽❹以行權❺。義，制也；權者反經❻，無事也。」問其象❼，曰❽：「無妄之災❾，大過❿。凶其象矣，不得已而行之，禁其屢⓫也。」曰：「絕⓬之乎？」曰：「權。」曰：「宜弗之絕⓭也。」

【章　旨】這章認為發布大赦令只是一種暫時採用的變通辦法，不能作為一項制度。

【注　釋】❶權　權且；權宜，暫時採用的變通辦法。❷制　制度；規定。❸制其義　規定道義。❹巽　《易經》八卦之一，卦形為☴。又六十四卦之一，巽下巽上，卦形䷸，〈象傳〉說：「隨風，巽；君子以申命行事。」這裡取義隨風，意思是君子要審時度勢，根據情況採取變通的辦法。❺行權　採取變通辦法。❻反經　違反常規。經，法，法規。❼象　指卦象，《易經》卦爻所顯示出的象徵自然變化和人事休咎的符號。❽曰　指回答者所說。❾無妄之災　无妄為六十四卦之一，震下乾上，卦形䷘，〈象傳〉說：「天下雷行，物與无妄。」意思是說天打雷震動了萬物，不敢虛妄亂動。六三爻說：「无妄之災。或繫之牛，行人之得，邑人之災。」意思是有人把一頭牛繫在路旁，被過路的人牽走了，使住在鄰近的人平白受到懷疑和搜捕。後來用「無妄之災」稱意外的災禍。❿大過　六十四卦之一，巽下兌上，卦形䷛，〈象傳〉說：「澤滅木，大過。」意思是大澤淹沒樹木，象徵大大超過。⓫屢　屢次；多次，指多次發布大赦令。⓬絕　斷絕；禁絕。⓭弗之絕　弗絕之，不禁絕它。

【語　譯】發布大赦令，是一種暫時採用的變通辦法。有人問：「有法規嗎？」回答說：「變通的辦法沒有法規，這種辦法只規定變通的道義，不規定變通的事情，就像巽卦卦象所顯示的要根據實際情況採取暫時的變通辦法。道義是有規定的，而變通的辦法是違反常規的，並非具體而常態的事物。」又問卦象，回答說：「卦象上顯示出是象徵意外之災的无妄卦六三『無妄之災』，又顯示出是象徵大大超過的大過卦。這是凶象，唯有迫不得已時，才會實行大赦令，而且要禁止它一而再再而三的實行。」那人問道：「那麼就禁絕發布大赦令嗎？」回答說：「要根據實際情況而定。」又說：「不應該禁絕它。」

尚主❶之制，非古也。釐降❷二女，陶唐❸之典❹；歸妹❺元吉❻，帝乙❼之訓❽；王姬❾歸❿齊⓫，宗周⓬之禮⓭。以陰乘陽⓮違天⓯，以婦凌夫⓰違人⓱。違天不祥⓲，違人不義⓳。

【章　旨】這章認為尚主的制度不合古制，妻子凌駕於丈夫之上是違背人倫的。

【注　釋】❶尚主　娶公主為妻。因尊帝王之女，不說是娶，而說是「尚」，有奉事、仰攀的意思。❷釐降　指下嫁。釐，賜予。❸陶唐　指帝堯。堯初居於陶，後封於唐，為唐侯，稱陶唐氏。❹典　制度；法則。帝堯將兩個女兒娥皇、女英嫁給舜作妻子。❺歸妹　猶言嫁妹。古時女子出嫁稱歸，歸於夫家的意思。妹是古時少女的通稱。❻元吉　大吉。❼帝乙　商代君主，太丁子，紂王的父親。❽訓　法則；教誨。《易經》有歸妹卦，兌下震上，卦形為䷵，六五爻說：「帝乙歸妹，其君之袂，不如其娣之袂良，月幾望，吉。」❾王姬　指周天子的女兒。周姓姬，故稱王姬。❿歸　出嫁。⓫齊　周武王時分封給呂尚（即姜太公）的封地，在今山東北部一帶，春秋齊桓公時國力最強盛，春秋末年為大臣田氏所奪，戰國時為七雄之一，後為秦所滅。齊是周朝時異姓諸侯，故娶周王室之女為妻。⓬宗周　即周朝。周天子是當時最高統治者，為眾諸侯國所宗仰，故稱宗周。宗是尊崇，宗仰的意思。⓭禮　禮法。⓮陰乘陽　陰氣欺凌陽氣。乘，欺凌；凌駕。⓯違天　違背天理。⓰婦凌夫　妻子凌駕於丈夫之上。凌，凌駕；欺凌。⓱違人　違背人倫。⓲不祥　不吉祥。⓳不義　不合理義。

【語　譯】漢代所實行的尚主制度，是不合古制的。帝堯把兩個女兒下嫁給舜，為後人樹立了典型；帝乙認為嫁妹是大吉大利的事，他的教誨值得記取；周天子把自己的女兒嫁往齊國，這是周朝的禮法。如果陰氣欺凌了陽氣，那是違背天理的事；如果妻子凌駕於丈夫之上，那是違背人倫的事。違背天理則不吉利，違背人倫則不合理義。

古者天子諸侯，有事必告於廟❶。朝❷有二史❸，左史記言❹，右史記動❺。動為《春秋》❻，言為《尚書》❼。君舉❽必記，臧否❾、成敗❿無不存⓫焉。下及士庶⓬，等⓭各有異⓮，或欲顯⓯而不得⓰，或欲隱⓱而名章⓲。得失一朝，而榮辱⓳千載⓴。善人㉑勸㉒焉，淫人㉓懼㉔焉，故先王重㉕之，以嗣㉖賞罰，以輔㉗法教㉘。宜於今者，官以其日各書，其盡㉙則集㉚之於《尚書》。若史官使掌典㉛其事，不書詭常㉜。為善惡則書，言行足以為法式㉝則書，立功事㉞則書，兵戎㉟動眾㊱則書，四夷㊲朝獻㊳則書，皇后㊴、貴人㊵、太子㊶拜立㊷則書，公主㊸、大臣拜免㊹則書，福淫禍亂㊺則書，祥瑞災異㊻則書。先帝故事㊼，有起居注㊽，日用動靜㊾之節㊿必書焉。宜復其式(51)，內史(52)掌之，以紀內事(53)。

【章旨】這章申述史官記言記事制度，認為應當恢復這一制度。

【注釋】❶廟　宗廟，指帝王祭祀列祖列宗的場所。❷朝　朝廷。❸二史　指左史和右史。❹言　言論。

❺動　行動。❻春秋　編年體的史書，相傳孔子依據魯國史官所編《春秋》加以整理修訂而成。《春秋》文字簡短，以記事為主，故稱動為《春秋》。為儒家五經之一。❼尚書　上古歷史文件彙編，相傳經過孔子編選而成。《尚書》以記言為主，故稱言為《尚書》。「尚」即「上」，「尚書」即是上代之書的意思。為儒家五經之一。❽舉　舉動，指言論、行動。❾臧否　善惡；好壞。❿成敗　成功或失敗。⓫存　存在，指記載下來。⓬士庶　士和庶人。士是先秦時貴族階層的最低一級，庶民是一般的平民。⓭等　指等級、地位。⓮異　不同。⓯顯　顯達。⓰不得　不能夠。⓱隱　隱避；退隱。⓲名章　名聲更加顯赫。⓳榮辱　榮譽和恥辱。⓴千載　千年。㉑善人　好人，行為、品德好的人。㉒勸　鼓勵，受到鼓勵。㉓淫人　指行為、品德邪惡的人。㉔懼　害怕。㉕重　重視。㉖嗣　繼續。㉗輔　輔助。㉘法教　法制教化。㉙盡　完整。㉚集　聚集；編集。㉛掌典　掌管；執掌。㉜詭常　奇異和常規。詭，奇異。㉝法式　法度；程式。㉞立功事　指建立了大功業。㉟兵戎　指戰爭。戎，軍事；戰事。㊱動眾　使民眾受到影響和牽連。㊲四夷　指周邊的少數民族，含有貶低、蔑視的意思。㊳朝獻　朝貢，來朝見天子並且獻上財物，表示臣服。㊴皇后　指帝王的嫡妻。㊵貴人　東漢光武帝時開始設置，地位僅次於皇后的妃嬪。㊶太子　帝王的嗣子，法定的皇位繼承人。㊷拜立　拜祭宗廟舉行冊立儀式。㊸公主　帝王女兒的稱號。㊹拜免　拜祭宗廟後加以免除。㊺福淫禍亂　似當作「福善禍淫」，賜福給為善的人，降禍給作惡的人。㊻祥瑞災異　吉祥的徵兆和顯示災禍的異常現象。㊼故事　舊例；先例。㊽起居注　對皇帝宮中日常生活加以記載的史籍，兩漢時由宮中女史修撰。漢武帝時有《禁中起居注》、東漢馬皇后有《明帝起居注》，都已亡佚。㊾日用動靜　指日常生活。㊿節　細節。(51)式　法式；制度。(52)內史　指宮中史官，即女史。(53)內事　宮中之事。

【語　譯】古代天子和諸侯，遇上大事一定要祭告宗廟。朝廷設有兩個史官，左史記載帝王的言論，右史記載帝王的行動。記載行動的歷史著作是《春秋》，記載言論的歷史著作是《尚書》。帝王有所舉動一定要記錄下來，是善是惡，是成功是失敗沒有不存在於此的。往下涉及到士和庶民，他們的等級各有不同，有的想要顯達而不能夠，有的想要退隱而名聲更加顯著。一時之間的得與失，卻留下了千年的榮譽或恥辱。品德行為高尚的人受到鼓勵，品德行為邪惡的人則感到害怕，因此先王很重視這些，用它來連接賞罰，用它來輔助法制教化。適合於當今的，由官方按日將史事逐一記載下來，完整時就編集成《尚書》那樣的書。至於史官則執掌記載史事，不記錄各種邪僻的或正常的事。做了善事或惡事要加以記載，發生戰爭使民眾受到牽累要加以記載，周邊的部族朝見納貢要加以記載，拜祭宗廟舉行冊立皇后、貴人、太子的儀式要加以記載，拜祭宗廟免除公主、大臣的情況要加以記載，上天對善人善事賜福，對惡人惡事降禍要加以記載，有祥瑞或災異要加以記載。按照先代帝王的先例，有起居注這樣的記錄，日常生活的細節都要加以記載。應當恢復這項規矩，由內史掌管它，用來記錄宮內之事。

卷三

俗嫌第三

【題解】〈俗嫌〉篇共分十五章，主要針對當時社會上盛行的各種不健康的習俗特別是卜筮、禁忌、天人感應、祈請、神仙方術、讖緯之書等宗教迷信現象表示嫌棄，提出批評，認為這些東西不可信。作者在批評和分析這些事物時，主要是從儒家學者的眼光和觀點出發的。在這一篇中，作者還對涵養本性作了重點闡發，作者認為養性主要是要保持中正平和之道，養性的方法好像治水，主要採用疏通引導的方法。作者認為養性與養氣有關，他的養性之說是基於氣的觀點的。在〈俗嫌〉中，作者還認為身和神即肉體和精神是不可分離的：「非身則神，身不可避，神不可逃。」他又認為一個人的形貌和命相雖有一定的聯繫，但一個人命運的好壞，主要還是要看他的行事如何。篇中他還對人長壽的原因以及為什麼仁者壽等作了探討和發揮。這一篇的寫作特色是採用問答體的形式，先假定有人發問，再自己分別作出回答。

或❶問卜筮❷，曰：「德斯益❸，否斯損❹。」曰：「何謂❺也？」「吉而濟❻、凶而救❼之謂益；吉而恃❽、凶而怠❾之謂損。」

【章旨】本章為全書第三卷的第一章，解釋什麼是「益」，什麼是「損」。

【注釋】❶或 有人。❷卜筮 占卜。古代用龜甲稱卜，用蓍草稱筮，合稱卜筮。❸德斯益 德，道德，這裡指有德、合德。斯，則；就。益，補益，獲得益處。❹否斯損 否，否隔不通，指不合德。損，虧損；無益。❺何謂 怎麼說呢。❻吉而濟 吉，吉祥。濟，協助；成功。❼救 補救。❽恃 依仗；憑靠。❾怠 懈怠。

【語譯】有人問用龜甲和蓍草占卜的道理。回答道：「合德就能獲益，而不合德就會無益。」問：「為什麼呢？」回答說：「有吉祥而能協助自己、有凶險而能得到補救就稱之為『益』；有吉祥而專門依仗了它、有凶險而不及時補救就稱之為『損』。」

或問曰：「時群忌❶？」曰：「此天地之數❷也，非吉凶所生❸也。東方主❹生，死者不鮮❺；西方主殺❻，生者不寡❼；南方火也❽，居❾之不燋❿；北方水也⓫，蹈⓬之不死。故甲子昧爽，殷滅周興⓭；咸陽之地，秦亡漢隆⓮。」

【章　旨】本章認為時節是用來確定天地運行過程的度量單位，與吉凶的生成沒有聯繫。

【注　釋】❶時群忌　時，時間；時節。群，聯繫；會合。忌，忌諱。❷數　定數，指天地運行過程的數量規定。❸生　產生；生成。❹主　掌握。戰國秦漢時人們用陰陽五行學說與四時、五方等相配合，認為東方屬木，主生。❺鮮　少，這裡作動詞用，減少。❻西方主殺　陰陽五行學說認為西方屬金，主殺。❼寡　少，這裡作動詞用，減少。❽南方火也　陰陽五行學說將南方與火相配，認為南方火德，因此焦熱。❾居　居住。❿燋　同「焦」。烤焦；燒焦。⓫北方水也　陰陽五行學說將北方與水相配，認為北方為水德，因此寒冷。⓬蹈　踩；踏；置身其中。⓭甲子昧爽二句　甲子昧爽這二句指甲子日這一天昧爽時，周武王興師伐紂，《尚書・武成》：「甲子昧爽，受率其旅若林，會于牧野，罔有敵于我師，前徒倒戈。攻于後以北，血流漂杵。一戎衣，天下大定。」殷商之滅亡和周朝之興起都是在甲子這一天，所以干支不值得忌諱。甲子，古代用十個天干和十二地支依次相配，用以計時。甲為十干之首，子為十二支之首，甲子為六十次一輪之首次。這裡的甲子是指甲子日。昧爽，黎明，天將明未明時。昧，爽；明。殷，殷朝，即商朝，西元前十六世紀商湯滅夏後所建，建都亳，後盤庚遷都至殷（今河南安陽小屯村），因而又稱殷朝。傳至紂，被周武王所滅。周，周朝，西元前十一世紀周武王滅商後所建。興，興起；產生。⓮咸陽之地二句　這二句是說秦和漢都建都於關中之地，然而秦至二世而亡而漢有四百年天下，一亡一興，可見地宅也不可信。咸陽，秦朝都城，在今陝西咸陽市東北二十里，秦朝滅亡時為項羽焚燬。咸陽之地，這裡指咸陽所在的關中之地。秦，秦朝，西元前二二一年秦王嬴政統一中原後所建，共歷二世，西元前二〇六年為劉邦所率的起義軍所滅。漢，漢朝，劉邦滅秦後又打敗了項羽，在西元前二〇二年所建，建都長安（今陝西西安），也在關中之地。

【語　譯】有人問道：「時令與忌諱有聯繫嗎？」可以這樣回答他：「時令是用來計量天地運行過程的，與吉凶的生成無關。陰陽五行學說認為東方掌管著生成，但東方之地的死人並不因此而減少；又認為西方掌管殺生，但西方之地的活人也並不因此而減少；又認為南方火德，但人住在南方並不被烤焦；又認為北方水德，但人置身於其間並不淹死。因此同為甲子日黎明時分，殷商滅亡了而周朝興起了；同為咸陽所在的關中之地，秦朝敗亡了而漢朝卻很興盛。」

或問：「五三之位❶，周應❷也；龍虎之會❸，晉祥❹也。」曰：「官府❺設陳❻，富貴者值❼之，布衣❽寓❾焉，不符❿其爵⓫也；獄犴⓬若居，有罪者觸⓭之，貞良⓮入焉，不受其罰⓯也。」或曰：「然則日月⓰可廢⓱歟？」曰：「否。」曰：「元辰⓲，先王所用也。人承⓳天地，故動靜⓴順㉑焉。順其陰陽㉒，順其日辰㉓，順其度數㉔。內有順實㉕，外有順文㉖。文實順㉗，理也。休徵㉘之符，自然應也。故盜泉㉙、朝歌㉚，孔墨不由㉛。惡其名者，順其心也。苟㉜無其實，徼福㉝於忌，斯成難也。」

【章　旨】本章首先認為人事的變動與天象天時沒有關係，接著又認為記錄時間的日和月又不能廢除，並且具體解釋了不可廢除的原因。

【注　釋】❶五三之位　指五星三辰。五星即辰星、熒惑、太白、歲星、填星。三辰指日、月和斗辰。古人認為天象天時與人事有密切的關係，天象天時的變化預示著人事的禍福吉凶。❷周應　感應著周朝的興起。《春秋元命苞》說：「殷紂之時，五星聚於房，房者蒼神之精，周據而興。」❸龍虎之會　當作「龍尾之會」。龍尾，星宿名，即尾宿，因其居於東方蒼龍七宿之末，故稱。會，會合；聚集。《左傳・僖公五年》載：晉獻公問於卜偃，攻打虢國在什麼時候能夠獲得成功，卜偃回答說：「童謠云：『丙之晨，龍尾伏辰。均服振振，取虢之旂。鶉之賁賁，天策焞焞。火中成軍，虢公其奔。』其九月十月之交乎？丙子旦，日在尾，月在策，鶉火中，必是時也。」這是指夏十月丙子朔之早晨，日在尾宿，月在天策宿（尾宿之上一宿名），因此說龍尾之會。❹晉祥　晉國獲得祥瑞，指攻打虢國獲勝。晉為周時分封的諸侯國，春秋時國勢強盛，後來為韓、趙、魏三家所分。❺官府　官署；官職。❻設陳　設置；陳列。❼值　擔當；承擔。❽布衣　平民百姓。古代沒有身分的平民只能穿麻布衣服，故用布衣指代平民。❾寓　居，指占據其位。❿符　合符。⓫爵　爵位；官位。⓬獄犴　監獄；拘留所。犴即狴犴，傳說中的一種形似虎、有威力的獸，古代將牠的形狀設置在獄門上，故用狴犴或獄犴來指稱牢獄。⓭觸　觸犯，指被關入牢中。⓮貞良　這裡指正直善良的人。⓯罰　處罰；刑罰。⓰日月　指根據日、月的變化而計算時節的方法。⓱廢　廢除；廢棄。⓲元辰　指吉利的時日。元，善。辰，時日。⓳承　承受；感應。⓴動靜　指事物的運動和靜止。㉑順　和諧。㉒陰陽　指一切事物所具有的正反兩面。㉓日辰　時日。㉔度數　指事物的度量和數量。㉕實　指一切事物所具有的內在的本質的東西。㉖文　指事物所具有的外表的形式的東西。㉗文實順　指事物的本質和形式配合得很和諧。㉘休徵　吉兆，美好的徵兆。休，吉，美好。㉙盜泉　古泉名，在今山東泗水縣。《尸子》上說孔子「過於盜泉，渴矣而不飲，惡其名也。」㉚朝歌　古邑名，在今河南淇縣，殷朝武乙、紂時為都城。武王伐紂，在朝歌之外進行了一場決戰，殷朝滅亡。劉向說：「邑號朝歌，墨子回車。」㉛由　經過。㉜苟　如果。㉝徼福　求福。

【語　譯】有人問：「五星三辰相聚合，這是感應著周朝的興起；日月聚會在青龍的尾宿，這是晉國的吉祥徵兆，對嗎？」可以這樣回答他：「官職官署的設立，是使富貴的人擔任的，平民百姓占據了它，是不合職位的；監獄像居室一樣，是讓有罪的人去住的，是不受到處罰的。」有人問：「那麼用日月計時的方法也可廢除了嗎？」回答說：「不能。」又回答說：「吉祥的時日，是先王所採用的。人與天地相承應，因此事物的運動和靜止能和諧。能使事物的正反兩面和諧，能使時日和諧，能使事物的度量和數量和諧。在事物的內部有和諧的本質，在外部有和諧的形式。本質和形式配合和諧，這就得到事物的至理。吉祥徵兆的符瑞，是自然感應的。因此盜泉、朝歌這兩個地方，孔子和墨子是不經過的。這是厭惡它們的名稱，從而感應於心。如果沒有本質的東西，以忌諱來求得吉祥，那也是很難成功的。」

或曰：「祈請❶者誠以接神❷，自然應也，故精❸以底❹之。犧牲❺玉帛❻以昭❼祈請，吉朔❽以通❾之。禮云禮云，玉帛云乎哉？請云祈云，酒膳❿云乎哉？非其禮⓫則或愆⓬，非其請則不應。」

【章　旨】本章是說祭神求福要精誠所至，要合於禮法，這樣才能沒有過失，才能感應神靈。

【注　釋】❶祈請　向神求福，祭祀。❷接神　祭神而得到靈驗。❸精　精誠。❹底　通「抵」。到；達到。❺犧牲　古代祭祀時所用的牲畜，毛色純正的叫犧，整頭的叫牲，通稱「犧牲」。❻玉帛　這裡指祭祀時所用的玉器和絲織品。❼昭　顯示；表明。❽吉朔　陰曆每月初一稱「朔」，被視為是吉祥的日子，常在這天祭神。

⑨通　指人與神相溝通。⑩酒膳　酒食。膳，食。⑪非其禮　不合禮儀，如所選的日子不當、所用的祭祀物品不適合等都在內。⑫愆　過失；差錯。

【語　譯】有人說：「祭神求福要用真誠來迎接神靈，這樣自然就能得到應驗，因此要精誠地達到祭神的目的，祭祀所用的牲畜和玉器、絲織品是用來表明祭神的誠意的，在吉祥的每月初一日可以與神靈相溝通。所謂祭禮啊祭禮，難道僅僅是指玉器絲織品之類的祭祀物品嗎？所謂祈神請神，僅僅是指祭祀所用的酒食嗎？祭祀時不合禮儀就可能會產生過錯，不按禮儀請神就不能感應神靈。」

或問：「祈請可否？」曰：「氣物應感❶則可，性命❷自然❸則否。」

【章　旨】本章是說祭神求福有時可以舉行有時不能舉行，要視具體情況而定。

【注　釋】❶氣物應感　自然之氣與外界事物相感應相觸動。氣，古代哲學所指的構成萬物的一種極細微的物質。物，指具體事物。應感，感應；觸動。❷性命　性和命，指事物的本性和生命。❸自然　不是外界影響的，本來就這樣的。

【語　譯】有人問：「祭神求福能夠達到嗎？」可以這樣回答他：「如果是受到氣和外物的感應和觸動而祭神就能達到求福的目的。如果事物的本質和生命本來就是如此的，那麼祭神也沒有用。」

或問：「避疾厄❶有諸❷？」曰：「夫疾厄，何為者❸也？非身則神❹，身不可避，神不可逃。可避非身，可逃非神也。持身❺隨天❻，萬里不逸❼。

譬諸❽孺子❾，掩目巨夫❿之掖⓫，而曰逃可乎？」

【章　旨】本章認為無論是身體上還是精神上遭受的疾病和災禍都是不能避免的，因此試圖祭神消災也就沒有用。

【注　釋】❶疾厄　疾病和災禍。厄，禍患。❷諸　「之乎」的合音。❸何為者　意思是如何產生的呢。為，這裡是產生、遭受的意思。❹非身則神　非……則……，不是……就是……，表示選擇關係。身，指身體。神，指精神。❺持身　保有自己的身體。❻隨天　順應於自然。❼逸　逃，逃脫。❽譬諸　譬之於，用……作譬。❾孺子　小孩子。❿巨夫　大人；成人。⓫掖，通「腋」。胳膀。

【語　譯】有人問：「避免疾病和災禍能夠做到嗎？」可以這樣回答他：「疾病和災禍是如何造成的呢？疾病和災禍若不是在肉體上遭受到的話就是在精神上遭受到。一個人的肉體是沒法拋棄的，他的精神也是不能脫離的。能夠拋棄的就不是肉體，能夠脫離的就不是精神了。就算能保有自己的身體順應自然，即使身處再遠的地方，也仍然沒法逃離疾病和災禍。譬如小孩子被成人的胳膀遮住了眼睛，還能說有地方可逃嗎？」

或問：「人形❶有相❷？」曰：「蓋❸有之焉。夫神氣❹，形容❺之相包❻也，自然矣。貳之於行❼，參❽之於時，相成❾也，亦參相敗❿也。其數⓫眾矣，其變矣。亦有上、中、下品⓬云爾。」

【章　旨】本章認為人的形體和命相雖有一定的聯繫，但主要的還是要看一個人的行事如何。

【注　釋】❶形　形貌；形體。❷相　這裡指命相，根據人的形貌而推測一個人的命運如何的一種方術。❸蓋　大概，可能。❹神氣　神與氣，指人的精神和氣質。❺形容　形體和容貌。❻包　包容；包涵。❼貳之於行　指行為不正當。貳，不合常理。行，指行事。❽參　參驗；檢驗。❾相成　相互促進；相互成就。❿相敗　彼此破壞。⓫數　術數；方法。⓬上中下品　古人常把人或物分為上、中、下三個等級，稱為三品，這裡指人的命相有三品。品，品位；等級。

【語　譯】有人問：「人的形貌與命相有關嗎？」可以這樣回答他：「也許是有的。精神和氣質、形體和容貌互相包涵，是本來就如此的。行為不合常理，用時間來檢驗它，有的互相促進，有的彼此破壞。這方法是很多的，變化也是很大的。命相也有上、中、下三品之分。」

或問神仙之術❶。曰：「誕❷哉。末❸之也已矣。聖人❹弗學，非惡生❺也；終始❻，運❼也；短長❽，數❾也。運數非人力之為❿也。」曰：「亦有仙人乎？」曰：「僬僥⓫、桂莽⓬，產乎異俗⓭，就有仙人，亦殊類矣。」

【章　旨】本章認為神仙之術荒誕不經，不值得去學。又對神仙的存在表示懷疑，認為即使有，也是人的異類。

【注　釋】❶神仙之術　秦漢方士及後來的道家所講的使人得道成仙、長生不老的方術，又叫「長生術」。

❷誕　荒誕；荒謬。❸末　指末流、不入流、不是正道。❹聖人　人格品德最高尚的人，特指孔子。《論語．述而》說：「子不語怪力亂神。」❺惡生　厭棄長生。生，指長生。❻終始　事物的結束和開始、死亡和新生。❼運　命運。❽短長　指年歲是短還是長、是短命還是長壽。❾數　氣數。❿人力之為　指用煉丹、服藥等方法來延長生命。⓫僬僥　古代傳說中的矮人，《列子．湯問》上說：「從中州以東四十萬里，得僬僥國，人長一尺五寸。」⓬桂莽　可能是「桂父」之誤。劉向《列仙傳》上說：「桂父者，象林人也。色黑而時白時黃時赤。」⓭異俗　遠方的不同風俗。

【語　譯】有人問使人得道成仙、長生不老的方法。我回答說：「真是荒唐不經啊，這是不入流的東西。像孔子這樣的聖人不學它，並不是不喜歡長壽。事物的終結和起始，是有一定的命運的；人的年歲是短還是長，也是有一定的氣數的。命運和氣數並不是通過人為的方法就能夠把握住的。」又問：「那麼也有仙人嗎？」回答說：「僬僥、桂莽這樣的種類，是生長在與中國不同的地方的，即使有仙人，那也是人的異類。」

或問：「有數百歲人乎？」曰：「力稱烏獲❶，捷言羌亥❷，勇斯賁育❸，聖云仲尼❹，壽稱彭祖❺。物❻有俊傑❼，不可誣❽也。」

【章　旨】本章認為有各種各樣傑出的人才，那麼幾百歲長命的人也是可能存在的。

【注　釋】❶烏獲　戰國秦武王時的大力士，因為勇力而做大官。❷羌亥　又叫豎亥，古代一個善跑的人。❸賁育　指孟賁、夏育二個勇士。孟賁為戰國時齊人，能生拔牛角。夏育為戰國時衛國人，能力舉千鈞。❹仲

尼　孔子，名丘，字仲尼，春秋時魯國人，為儒家代表人物，後人把他看作是聖人、至聖先師。❺彭祖　傳說中的長壽者，姓籛名鏗，為上古顓頊帝玄孫陸終氏的第三子，堯時封在彭城，因其道術可祖（效法），故稱彭祖，在商時為守藏史，在周時為柱下史，活了八百歲。❻物　事物，這裡指各類人物。❼俊傑　才智出眾的人；出類拔萃的人。❽誣　誣妄，這裡指隨便否定。

【語　譯】有人問：「有壽命長達幾百歲的人嗎？」回答說：「憑力量則有大力士烏獲，說行動敏捷則有善跑的羌亥，說勇猛則有生拔牛角的孟賁和能舉千鈞的夏育，說到智慧超群、道德高尚則有聖人孔夫子，說到長壽則有活了八百歲的彭祖。各種人物中都有出類拔萃者，這是不能夠輕易地否定的。」

或問：「凡壽者必有道，非習❶之功❷。」曰：「夫惟壽，則惟能用道❸；惟能用道，則性壽❹矣。苟非其性也，修不至❺也。學必至聖❻，可以盡性；壽必用道，所以盡命❼。」

【章　旨】本章討論長壽的原因，認為能長壽，是由於本性長壽，能把握長壽之道。

【注　釋】❶習　研習。❷功　功效；功勞。❸用道　掌握事物的規律。❹性壽　本性長壽。❺不至　不能達到，指不能達到長壽的目的。❻至聖　指最高的道。❼盡命　指完全地享有生命，活到生命的最大限度。

【語　譯】有人問：「大凡長壽的人都有長壽的本質，不是後來通過修習的功效，對嗎？」可以這樣回答：「長壽，則是能夠掌握長壽的本質和規律；只要能掌握長壽的本質和規律，那麼本性就能長壽。

如果不是本性長壽的緣故，那麼修習它也不能達到長壽的目的。學習一定要學習至聖至高的東西，才能夠充分發揮本性；長壽一定要掌握其本質，才能充分發揮生命的效能。」

或曰：「人有變化而仙❶者，信乎？」曰：「未之前聞❷也，然則異也，非仙❸也。男化為女❹者有矣，死人復生❺者有矣。夫豈人之性❻哉，氣數不存❼焉。」

【章旨】本章認為人變化成仙是不可信的。

【注釋】❶變化而仙　指人通過服食丹藥等而長生不老、超升成仙。❷未之前聞　「未前聞之」的倒裝，沒有聽說從前有過這樣的事。❸仙　指由人成仙。❹男化為女　據說作者親身聞見東漢獻帝興平七年，越巂男子化為女子。這種事情極為少見，但不能排除。有極少的人發育不正常，同時具有男女兩性的生理機能，只是平時多表現為男性或女性，後來生理機能發生變化，表現出相反的性徵，這是可能的。❺死人復生　據說作者聞見興平四年，武陵女子死十四日復活。又《續漢志》載：「女子李娥年六十餘死，瘞於城中，有行人聞冢中有聲，告家人出之。」這種事情較男女互變為多見，其實所謂死而復活不過是人因為某種原因而休克或長時間處於昏迷狀態，有時候連呼吸也差不多停止了，其實人並沒有死亡，所謂復活實際不過是甦醒。以上兩種事情極為少見，因此古人極為留意，並將它們與災異聯繫起來，認為是天下大亂的徵兆。而這兩件事又正好發生在漢末動亂之際，以致於人們特別留意。其實它們與災禍並沒有必然聯繫。❻性　本性；特性。❼氣數不存　這裡指國家的命運不長。氣數，命運。這裡是將人的異變與國家的命運聯在一起了，這是當時人的普遍觀念。

【語　譯】有人問：「人有通過服食丹藥等而超升成仙的，可信嗎？」我回答他：「沒有聽說從前有過這樣的事。可能是人發生變異，但並不是成仙。男子變化而成女子這樣的事是有過的，死人復活這樣的事也有過。這哪裡是人的本性的緣故呢，這是國家命運將盡的徵兆啊！」

或問曰：「有養性❶乎？」曰：「養性秉❷中和❸，守❹之以生❺而已。愛親❻愛德，愛力❼愛神❽之謂嗇❾。否❿則不宣⓫，過則不澹⓬，故君子節宣其氣，勿使有所壅閉滯底⓭。昏亂⓮百度⓯則生疾，故喜怒、哀樂、思慮，必得其中⓰，所以養神⓱也。寒暄⓲、虛盈⓳、消息⓴，必得其中，所以養體㉑也。善治氣㉒者，由㉓禹㉔之治水也：若夫導引㉕蓄氣㉖，歷藏㉗內視㉘，過則失中，可以治疾，皆非養性之聖術㉙也。夫屈者以乎㉚申也，蓄者以乎虛也，內者以乎外也。氣宜宣而遏㉛之，體宜調而矯㉜之，神宜平而抑㉝之，必有失和者矣。夫善養性者無常術㉞，得其和而已矣。鄰臍二寸謂之關㉟，關者，所以關藏㊱呼吸㊲之氣，以稟授㊳四體㊴也。故氣長㊵者以關息㊶，氣短㊷者其息稍升，其脈稍促㊸，其神稍越㊹。至於以肩息㊺而氣舒，其神稍專㊻。至於以關息而氣行㊼矣，故道㊽者常致氣於關，是謂要術㊾。凡陽氣㊿生養(51)，陰氣(52)消殺(53)。和喜之徒(54)，其氣陽也。故養性者，崇(55)其陽而絀(56)其陰。陽極(57)則元(58)，陰極(59)則凝(60)。元則有悔(61)，凝則有凶(62)。夫物不能為春(63)，故候(64)天春(65)而生。人則不然，存吾春(66)而已矣。藥者療也，所以治疾也。無疾則勿藥(67)可也。肉(68)不勝(69)食氣(70)，況於藥乎。寒斯熱(71)，熱則致滯，陰藥之用(72)也。唯適其宜，則不為害。若已氣平也，則必有傷。唯鍼火(73)亦如之，故養性者不多服也，唯在乎節之而已矣。」

【章　旨】本章討論養性的道理和方法。作者首先認為養性要中正平和，使氣得到宣泄。養性與養氣、養神、養體不可分。又認為養性沒有通行的方法，要視各個人的具體情況而定。最後認為養性要以節制為主。

【注　釋】❶養性　涵養本性。❷秉　持，守持。❸中和　中正平和，指使任何事情都達到一種和諧的境界。❹守　保持。❺生　產生。❻親　指親近的人。❼力　指勇力。❽神　指怪異的事情。❾嗇　閉塞不通。❿否　否隔；不通。⓫宣　宣泄。⓬澹　澹泊；恬澹。⓭壅閉滯底　堵塞止住。壅，堵住。閉，塞住。滯，停止。底，停滯。⓮昏亂　昏憒迷亂。⓯百度　百事。⓰中　指中和。⓱養神　涵養精神。⓲寒暄　寒冷和溫暖。暄，熱；暖。⓳虛盈　空虛和充盈。盈，滿，充滿。⓴消息　消滅和增長。消，消滅。息，增長。㉑養體　保養身體。

㉒治氣　處理自己內在的氣，指養其浩然之氣。氣在這裡指個人內在的氣，如氣質之類。㉓由　通「猶」。猶如；好像。㉔禹　大禹，夏禹，古史傳說中的人物，為夏后氏部落首領，姒姓。繼承父親鯀的治水事業，採用疏導的辦法，歷十三年，三過家門而不入，洪水的禍患終於平息。帝舜死後，禪讓給他繼承帝位，後東巡狩至會稽而卒。㉕導引　疏通引導。大禹治水時改變父親鯀堵塞的方法，採用導引水流的方法而獲得成功。這裡是說治氣要像大禹治水一樣宜採用疏導之法。㉖蓄氣　蓄養精氣。㉗歷藏　指讓氣穿過內臟。歷，經過。藏，通「臟」。五臟；內臟。㉘內視　向內省視；內省。㉙聖術　最高妙的方法。㉚以乎　由於。㉛遏　遏制；堵塞。㉜矯　克制。㉝抑　抑制；壓抑。㉞常術　通行的方法；普遍可用的方法。㉟鄰臍二寸謂之關　臍，肚臍；臍眼。是人和哺乳類動物胎兒出生後，腹正中臍帶脫落結疤形成的凹陷。關，關鍵部位；至關重要的部位。人體上許多緊要部位都可稱關。㊱關藏　關閉保藏。㊲呼吸　將體內的氣從口腔和鼻孔中排出稱「呼」，將外面的氣通過鼻孔和口腔收入體中稱「吸」。㊳稟授　或稟或授，接受和交給。㊴四體　四肢，也可指身體的各個部位。㊵氣長　呼吸較緩，肺活量大。㊶關息　把氣息留住。㊷氣短　呼吸短促，肺活量小。㊸脈稍促　指心率較快，因此脈搏的頻率稍高。㊹神稍越　指精神有些不集中。㊺肩息　指呼吸急促時兩肩往上聳以幫助舒氣。㊻專　專一；集中。㊼氣衍　氣息多餘。㊽道　通「導」。導氣。㊾要術　最基本的方法；最重要的方法。㊿陽氣　陽剛之氣；和暖之氣。(51)生養　使它產生並保養起來。(52)陰氣　陰柔之氣；寒涼之氣。(53)消殺　減少；除去。(54)和喜之徒　指生性快樂的人。和喜，和善快樂。(55)崇　崇尚；看重。(56)絀　通「黜」。貶退；排除。(57)陽極　陽氣多到了最大值，全是陽氣。(58)元　大。(59)陰極　指陰氣占了絕對優勢，全是陰氣。(60)凝　凝結，凝固而不能化開。(61)有悔　有災咎。悔，悔吝；災咎。(62)有凶　有凶險。(63)為春　指造成春天這樣生氣勃勃的局面。(64)候　等候；等待。(65)天春　自然界春天的到來。生，生長。(66)存吾春　心中存在著春天，指在胸中存養生氣。(67)勿藥　不用藥；不服藥。藥在這裡作動詞用，服藥。(68)肉　指肉體、身體。(69)不勝　不堪；承受不了。(70)食氣　指吸入氣。(71)寒斯熱　寒氣變成熱氣。斯，則；乃。(72)陰藥之用　陰藥，指性溫寒的藥物。用，

效用；作用。⑬鍼火　指用來治療疾病的鍼灸和火灸。古代用火灸烤身體的某個部位用以祛除寒氣等，發展到後來就是拔火罐，現在民間一些地方仍然使用。

【語　譯】有人問：「有涵養本性的方法嗎？」回答道：「涵養本性要守住中正平和之道，保持它而用以產生真性情。喜愛親近於人，喜愛道德，喜愛勇力和喜愛怪異的事物就稱之為閉塞不通。閉塞不通就得不到宣泄，事情過了度就不能澹漠下來，因此君子有節制地宣泄他的內在的氣，不使它閉塞滯留。對各種事情都很昏憒迷亂就會產生疾病，因此喜愛與憤怒、哀傷和歡樂、思考和憂慮，一定要恰如其分，這是用來涵養精神的方法；寒冷和溫暖、空虛和充實、減少和增長，一定要恰到好處，這是用來保養身體的方法。善於處理內在的氣的人，就像大禹治理水患一樣：用疏通引導的方法來蓄養氣，使它經過五臟並且自己在內心能夠覺察得到。超過了一定的程度就失去了中和之道，這可以用來治療疾病，但都不是涵養本性的最高妙的方法。彎曲身體是由於伸直它，蓄養是由於空虛，有內是由於有外。氣本應該宣泄卻遏制了它，身體本應該調養卻克制了它，精神本應該使它安寧卻壓抑了它，一定會有失去中和之道的地方。善於涵養本性的人沒有通行的方法，能夠使本性和諧就是了。鄰近臍眼二寸的地方稱之為「關」。所謂關，是用來關閉保藏呼吸的氣的，並把它接受下來交給身體的各個部位。因此呼吸長的人可用來關住氣息，呼吸短促的人的氣息稍稍上升，他的脈搏較快，他的精神有些散漫。至於雙肩上聳喘息而使氣舒緩，他的精神就稍稍集中些。至於用閉住氣息的方法而使氣多餘出來，因此引導的人常常將氣引到關節上去，這就是最基本的方法。大凡是和暖之氣就使它產生並且保養起來；是寒涼之氣就減少它除掉它。生性和善歡樂的人，他的氣就和暖。因此涵養本性的人，看重他的和暖之氣而排除他的寒涼之氣。和暖之氣達到飽和時就大，寒涼之氣達到飽和時就凝固下來。太大就會有災禍，凝結不散就有凶險。事物不能自己產生勃勃生氣，因此要等待春天到來才會生長。人卻不這樣，自己胸中會自然而然地出現生氣。藥物是用來治療的，因此拿它來治好疾病，沒有疾病就算不服藥也可以了。人的身體不能接收太多的氣，更何況是藥物呢？寒氣將會變成熱氣，熱氣就會滯留於體內，這是性溫涼的藥物的功效。只有做到適當合宜，才不致產生禍害。如果氣已經平和了，就必然會造成傷害。像鍼灸、火灼這樣的治療方法也是這樣，因此涵養本性不在於多多地服食，只在於節制罷了。」

或問：「仁者❶壽，何謂也？」曰：「仁者內不傷性❷，外不傷物❸，上不違天❹，下不違人❺，處正居中❻，形神以和❼，故咎徵❽不至而休嘉❾集之，壽之術也。」曰：「顏、冉❿何？」曰：「命也。麥不終夏⓫，花不濟春⓬，如和氣⓭何？雖云其短，長亦在其中矣⓮。」

【章旨】本章討論仁者長壽的原因，認為仁者不傷性、物，不違天、人，能夠中正平和，各種美好的品質集於一身，因此能夠長壽。像顏回、冉有雖然短命，但名聲卻長留人間，因此也是短中有長。

【注釋】❶仁者　指具備仁德的人。仁是中國古代儒家哲學中含義極廣的一種道德範疇，本指人與人相互親愛，而孔子在《論語》中所說的仁是指愛人，又包括忠、恕、孝、悌等許多內容，而以「己所不欲，勿施於人」

和「己欲立而立人，己欲達而達人」為實行的方法。❷內不傷性　對內不傷害自己的本性，指仁者主張寬、恕等。❸外不傷物　對外不傷害事物，指仁者主張恭、惠等。❹上不違天　對上不違犯天意，指仁者主張忠、孝、弟等。❺下不違人　對下不違犯別人，指仁者主張「己所不欲，勿施於人」等。❻處正居中　站得正，處得直，指仁者主張「中庸之道」。❼形神以和　肉體和精神相和諧。形神，形體和精神；肉體和精神。❽咎徵　凶兆。咎，凶；災禍。❾休嘉　美好；吉祥。❿顏冉　指孔子的兩個賢弟子顏回和冉耕，兩人都是仁者。顏回，字子淵。家貧，居陋巷，簞食瓢飲而不改其樂，孔子對他極為稱賞，在《論語》中多次讚揚他。他身體極差，二十九歲時頭髮全白了，不久以後就死去。冉耕，字伯牛，生有惡疾，一次孔子去看他，從窗牖中伸進手去握他的手，說：「亡之，命也夫！斯人也而有斯疾也，斯人也而有斯疾也。」（《論語・雍也》）。《論語》中記載：德行：顏淵、閔子騫、冉伯牛、仲弓。顏回和冉耕是兩個仁者，但命運並不好。⓫終夏　踰夏；度過夏天。⓬濟春　越春；過春。濟，度過。⓭和氣　合於節氣。和，符合。⓮雖云其短二句　他們的生命雖然短促，但名聲傳得很久遠，因此也就長壽了。

【語　譯】有人問：「有仁德的人長壽，這是為什麼呢？」回答說：「有仁德的人對內不傷害自己的本性，對外不傷害外間事物；對上不違犯天意，對下不違犯別人，站得正，處得直，肉體和精神相和諧，因此災禍的徵兆不來而吉祥聚集而至，這就是長壽的方法。」那人問道：「那麼顏回和冉耕為什麼會那樣呢？」回答說：「這是命運安排好的。像麥子不能越過夏天，花開不能越過春天，這是合於氣數的，拿它沒辦法。他們的生命雖然短促，但名聲流傳了下來，可以說短促之中又有長壽的。」

或問黃白❶之儔❷。曰：「傅毅❸論之當也。燔埴❹為瓦❺則可，爍❻瓦為銅則不可。以自然❼驗於不然❽，詭❾哉。敵❿犬羊之肉，以造馬牛，不幾⓫矣，不其然⓬歟？」

【章　旨】本章認為方士所說的用丹砂化為黃金、白銀的方法不可信。

【注　釋】❶黃白　指金銀。古代方士燒煉丹藥點化金銀的法術稱「黃白之術」，故用黃代指金，用白代指銀。《漢書・淮南王傳》載劉安「有《中篇》八卷，言神仙黃白之術，亦二十餘萬言。」❷儔　類。❸傅毅　字武仲，東漢時扶風茂陵人，章帝時為蘭臺令史，與班固、賈逵等同校內府藏書。曾著書論黃白之術的不可信，今已失傳。❹燔埴　焚燒黏土。燔，焚燒；燒烤。埴，黏土，可用來製陶器和瓦器。❺瓦　指瓦器。❻爍　通「鑠」。熔化金屬。❼自然　天生的；自然形成的。驗，檢驗；驗證。❽不然　不是自然可以生成的，不可能存在的。❾詭　詭異；怪誕。❿敵　相當；同等。⓫幾　幾近；近似。⓬不其然　不是這樣。

【語　譯】有人問用丹砂煉製金銀的方法之類。回答說：「傅毅所論述的道理非常恰當。焚燒黏土而製成瓦器是能夠的，熔化瓦器而煉成銅卻是不能夠的。用自然的東西來驗證不可能製出來的東西，是很荒唐的。用同樣多的狗和羊的肉來製造馬和牛，是不可能的，難道不是這樣嗎？」

世稱緯書❶，仲尼之作也。臣悅❷叔父故司空❸爽❹辨之，蓋發❺其偽❻也。有起❼於中興之前❽，終張❾之徒之作乎？或曰：「雜❿。」曰：「以己雜仲尼⓫乎，以仲尼雜己⓬乎？若彼者⓭，以仲尼雜己而已，然則可謂八十一首⓮，非仲尼之作矣。」或曰：「燔諸⓯。」曰：「仲尼之作則否，有取焉則可⑯，曷⑰其燔？在上者不受虛言⑱，不聽浮術⑲，不采華名⑳，不興㉑偽事㉒，言必有用，術必有典㉓，名必有實，事必有功㉔。」

【章旨】本章認為當時社會上流行的緯書不是孔子之作，而是偽托者將自己的東西與儒家的東西糅合在一起，並且認為對待這種偽書不必採用簡單的方法將它燒燬，如果有用就採用，沒有用就不去管它。

【注釋】❶緯書　相對儒家的經書而言，漢代混合神學附會儒家經義的書，有《易緯》、《書緯》、《詩緯》、《禮緯》、《樂緯》、《春秋緯》和《孝經緯》七種，對「七經」而言，稱「七緯」，偽托孔子所作。書中以儒家經義，附會人事禍福吉凶，預言治亂興廢，多有怪誕無稽之談，但也記錄有古代天文、地理、曆法以及神話傳說等一部分資料。當時又有方士所傳的《論語讖》等，合稱「讖緯之書」。西漢末年逐漸流行，南朝宋時開始禁止它們的流傳，至隋煬帝時搜集焚燬而失傳，明清時人都有輯佚其書的。❷臣悅　作者荀悅自稱，因此書是獻給皇帝的，故在名前稱「臣」。❸故司空　前司空。曾經擔任官職，這時已去世的，在官職前加「故」字。司空，職官名，東漢時司空為三公之一，主管水土及營建工程。❹爽　荀爽，作者荀悅的叔父，東漢潁川潁陰（今河南許昌市）人，幼而好學，潛心經籍，桓帝時拜為郎中，後因世亂，棄官隱居十餘年，獻帝時董卓因他有重名而徵召，位登三公。他的著作很多，有《禮》、《易傳》、《詩傳》、《尚書正經》、《春秋條例》、《漢語》、《新書》等。又作有《辨讖》一書，認為緯書不是孔子所作。❺發　發明；揭露。❻偽　虛假；不真。❼起　興起；出現。❽中興之前　指西漢末年哀帝、平帝之時。當時災異頻繁，國家出現了危亡的種種跡象，以儒家經義附會神學迷信的讖緯之書逐漸出現。一些政治家也利用讖緯之學，號稱災異的出現是「天譴」，從而對皇帝進行諫諍，而西漢末期的幾個皇帝也非常迷信讖緯之術。後來王莽代漢稱帝，建立新朝，實行改制，也是利用讖緯之術。中興，指東漢光武帝建立東漢政權，中興了漢室。王莽改制加重了國家滅亡的危機，各地農民等紛紛起義，推翻新王朝，而當時也起義的漢室後裔劉秀又逐步蕩平各地的割據勢力，統一了天下，重建漢朝，史稱「光武中興」。❾終張　指姓終和姓張的兩個人，具體指誰不詳。❿雜　混雜；雜糅，指緯書將神學和儒家經義糅合在一起，真偽都有。⓫以己雜仲尼　指將自己的思想、觀點等混合到孔子的著作中去。⓬以仲尼雜己　指用孔子的思想、觀點等混合到自己的著作中去。⓭彼者　指緯書。⓮八十一首　讖緯之書有《河圖》九篇、《洛書》六篇，又稱自黃帝至周文王所受本文別為三十篇，又稱自初起至於孔子九聖所增演而廣其意的七緯三十六篇，總計為八十一篇，並認為是孔子所作。首，篇；章。⓯諸　「之乎」的合音。⓰仲尼之作則否二句　這是說把讖緯之書說成是孔子所作則是不對的，說讖緯之書有可取之處則是可能的。⓱曷　為何；為什麼。⓲虛言　不實的話；不可信的話。⓳浮術　不確實的方術；不可信的方術。⓴華名　虛而不實的名聲。㉑興　作。㉒偽事　假事，不真實的事。㉓典　典章；根據。㉔功　功效；成效。

【語　譯】　世人稱說讖緯之書是孔子所作的，我的叔父、已故的司空荀爽曾經辨析過，揭露了這種說法是不可信的。讖緯之書有產生在光武帝中興漢室以前的，大概是姓終、姓張之類的人作的吧？有人說：「緯書的內容很混雜。」我說：「是將自己的思想和觀點混合到孔子的著作中去呢？還是將孔子的思想和觀點混合到自己的著作中去？像那些緯書，是將孔子的思想和觀點混合到自己的著作中去罷了。如此則所謂的讖緯之書八十一篇，不是孔子所作就很明白了。」有人說：「焚燬了它怎麼樣？」我說：「說是孔子所作這一點是不對的，但這些書中有可利用之處則是可能的，為什麼要焚燬它呢？主要還在於執政的人不接受空話，不聽取浮誇的法術，不採用華而不實的名聲，不提倡做假事，說話一定要說得有用處，所用的法術一定要有根據，名聲一定要與實際的相符合，做事情一定要有功效。」

卷四

雜言上第四

【題解】〈雜言〉的內容比較廣泛，很難用一句話或幾句話加以概括。在〈雜言上〉中討論了為學、修養、損益、勵志、憂樂等問題。而君臣關係、政治得失等方面的探討，在這一篇中也占有很重要的篇幅。作者在這一篇中對「仁」提出了新的看法，認為君主重民而輕身是「仁」，重民也就是重社稷而承天命，這是孔孟儒家學說中「仁者愛人」和「民為貴」思想的進一步發展，較有新意。「雜言」的意思就是混雜之言，即隨感錄、札記之類。

或問曰：「君子曷敦❶乎學？」曰：「生而知之❷者寡矣，學而知之者眾矣。悠悠❸之民，泄泄❹之士，明明❺之治❻，汶汶❼之亂❽，皆學廢興❾之由❿，敦之不亦宜乎？」

【章　旨】這一章為第四卷的第一章。這章回答君子為什麼要努力學習。他認為生而知之的人是很少的，大多數人是學而知之。人是愚昧還是文明，世是治還是亂，都與學得如何有關。

【注　釋】❶敦　勤勉；努力。❷生而知之　指人一生下來就懂得道理，不需要學習。之，指知識、道理。❸悠悠　這裡指昏昧無知。❹泄泄　大明的樣子，這裡指非常聰明。❺明明　清明的樣子。❻治　指治世；政治清明、秩序良好的時代。❼汶汶　昏暗不明的樣子。❽亂　亂世，政治昏暗、秩序混亂的時代。❾廢興　或廢棄或興盛。❿由　緣由；緣故。

【語　譯】有人問：「君子為什麼要勤勉地學習？」回答道：「生下來就懂得知識和道理的人是很少的，學習之後才懂得知識和道理的人是多數。有的人闇昧無知，有的人通達明智；有的時代政治清明，有的時代政治昏暗，這些端視學習風氣是廢棄抑或興盛的緣故，因此，勤勉地學習不也就應該了嗎？」

君子有三鑒❶，世人鏡鑒❷。前❸惟訓，人惟賢，鏡惟明。夏商之衰，不鑒於禹湯❹也。周秦之弊❺，不鑒於民下❻也。側弁❼垢顏❽，不鑒於明鏡也。故君子惟鑒之務❾，若夫側景之鏡❿亡鑒矣。

【章　旨】本章說君子不僅要用鏡子對照自己，更應該用先前的教訓、用賢人為鑒，省察自己，這就是三鑒。

【注　釋】❶三鑒　以三種事物為鑒。鑒，原指照鏡子，這裡引申為對照自己的行為，省察自己。❷鏡鑒　用鏡子來對照自己，看容貌美不美。當時的鏡子一般用銅製成。❸前　前事，對前事來說。❹禹湯　指大禹和成湯。大禹治水成功後，帝舜把帝位傳給了他。大禹死後，他的兒子啟繼承了王位，建立了歷史上第一個王朝即夏朝。成湯是夏代末年時商族領袖，當時夏朝的君主桀無道，成湯起來反對他，消滅了夏朝，建立了商朝。禹和湯被古人看作是聖王。❺周秦之弊　西周後期，周厲王暴虐無道，國人發難，把他趕出了國都。周幽王時剝削嚴重，又因寵愛褒姒，廢掉申后和太子，申侯聯合犬戎等攻周，幽王被殺於驪山下，西周滅亡。秦始皇統一中國後實行暴政，傳至二世繼續實行暴政，引起人民反抗，不久秦朝被劉邦滅亡。❻不鑒於民下　指對老百姓實行暴政，不顧人民死活。民下，民間。❼側弁　斜戴皮帽。弁，古代貴族所戴的一種帽子，一般用皮製成。❽垢顏　臉上很骯髒。❾鑒之務　指用緊要的事作對照。務，事務。❿側景之鏡　照出來的影子歪斜的鏡子。側，斜。景，同「影」。影子。

【語　譯】君子用三種事物作對照而世上的人只用鏡子作對照。用前事作對照可以吸取教訓，用人作對照可以賢良，用鏡子作對照可以明亮。夏朝、商朝的衰亡，是由於不用大禹、成湯作對照的緣故；周朝、秦朝產生弊端，是由於不用民間疾苦作對照的緣故；帽子戴歪了，臉上很骯髒，是由於不用明鏡作對照的緣故。因此君子只有用最重要的事務作對照，如果是用照出的影子歪斜的鏡子作對照的話，就不能正確地了解到什麼了。

或問：「致治❶之要❷君乎？」曰：「兩立❸哉，非天地不生物，非君臣不成治[4]。首[5]之者天地也，統[6]之者君臣也哉。先王之道[7]致訓焉，故亡[8]斯須[9]之間而違道[10]矣。昔有上致聖[11]，由教戒[12]，因輔弼[13]，欽順四鄰[14]。故檢柙[15]之臣，不虛於側；禮度[16]之典，不曠[17]於目；先哲[18]之言，不輟[19]於身；非義[20]之道，不宣[21]於心，是邪僻[22]之氣，未由[23]入也。有間[24]，必有入之者矣。是故僻志[25]萌[26]則僻事作，僻事作則正塞，正塞則公正亦未有入也矣。不任[27]不愛[28]謂之公，惟公是從[29]謂之明。齊桓公[30]中材[31]也，未能成功業[32]，由[33]有異焉者矣。妾媵[34]盈宮，非無愛幸[35]也；群臣盈朝，非無親近[36]也。然外[37]則管仲射己[38]，衛姬色衰[39]，非愛也，任[40]之也。然後知非賢不可任，非智不可從[41]也。夫此之舉[42]宏矣哉。膏肓[43]純白，二豎[44]不生，茲謂心寧；省闥[45]清淨，嬖孽[46]不生，茲謂政平。夫膏肓近心而處阨[47]，鍼之不遠[48]，藥之不中[49]，攻之不可，二豎藏焉，是謂篤患[50]，故治身治國者，唯是之畏。」

【章　旨】本章認為要使政治清明，國家得到大治，在於君臣兩者的共同努力。對於君王來說，在於得人，要信任公正、明斷、有才能的賢臣。

【注　釋】❶致治　達到政治清明、秩序良好的時世。❷要　關鍵；機要。❸兩立　兩者並立，指君臣兩者同樣重要。❹成治　造成治世。❺首　領先；首要。❻統　統率。❼先王之道　指古代聖王傳下來的治理國家的道理和方法。❽亡　無，沒有。❾斯須　一會兒；片刻。❿違道　不遵循道理。⓫致聖　達到聖王的境界。⓬教戒　教訓和謹慎。戒，戒備；謹慎。⓭輔弼　輔助；匡正。⓮欽順四鄰　使周圍的鄰國恭順。欽順，恭順，這裡是使……恭順的意思。⓯檢柙　約束。柙，原指關猛獸的木籠，這裡是約束的意思。⓰禮度　禮儀和法度。⓱曠　空；缺。⓲先哲　前賢，已往的賢人。⓳輟　止，停止。⓴非義　不正義；不正當。㉑宣　宣示；出現。㉒邪僻　不正當。僻，邪，不正。㉓未由　沒處；沒有通道。由，經由；途徑。㉔有間　有間隙；有空隙。㉕僻志　邪志；不正當的心思。㉖萌　萌發；萌生。㉗任　任意；隨意。㉘愛　偏愛；專愛。㉙惟公是從　只服從公義，指不徇私情。㉚齊桓公　春秋時齊國國君，姜姓，名小白，為齊襄公弟。襄公被殺後，他從莒國趕回，在與公子糾爭奪君位中獲勝，繼位後在管仲的幫助下進行了改革，國力強盛。以「尊王攘夷」為號召，聯合了許多諸侯國，並在與楚國的爭霸戰爭中獲勝，多次大會諸侯，並訂立盟約，是春秋五霸中第一位霸主。㉛中材　中庸之材；中等才能的人。㉜未能成功業　指他的功業還不完滿。㉝由　通「猶」。㉞妾媵　指妃嬪。妾，小妻。媵，指隨嫁的女子，當時貴族女子出嫁，以侄女和妹妹作為隨嫁。隨嫁的女子也可作妾使用。㉟愛幸　寵愛；得寵。㊱親近　指親信、近臣。㊲外　在外，指朝廷之事。㊳管仲射己　管仲，春秋時齊國潁上（潁水邊上）人，名夷吾，字仲，幼小時與鮑叔牙是好友。襄公被殺後，公子糾和公子小白爭奪君位，當時管仲服事公子糾而鮑叔牙服事公子小白。管仲帶領軍隊在莒通往齊國的道路上攔截小白，不使他回國。管仲用箭射小白，射中了他的帶鉤，小白假裝死去，暗地裡先回了國，被立為君主，即齊桓公。他繼位後，任命鮑叔牙為宰相，鮑叔牙辭謝並保舉了管仲。後來齊國在管仲的幫助治理下，日漸強盛。齊桓公爭霸，主要也是由於管仲的幫助。㊴衛姬色衰　衛姬之前當佚「內則」兩字，以上文「外則」相對成文。衛姬是齊桓公的正妻，是娶自衛國的女子。齊桓公喜歡女色，內寵很多，稱夫人者有六人，衛姬居首。色衰，因年歲大等原因而容顏衰退。❹任　任用，指讓管仲擔任國政，讓衛姬主管家政。❹從　隨從；聽取。❹舉　舉措。❹膏肓　古代醫學稱心臟下部為膏，橫膈膜為肓。❹二豎　二個小孩，指病魔。《左傳・成公十年》載：晉侯生病，向秦國求醫，秦伯讓名醫緩去治，醫生還未到，晉侯在夢中見到疾病變成了兩個小孩子，一個說：緩是良醫，恐怕將傷害我們，趕快逃吧。另一個說：住到肓之上，膏之下去，那麼醫生拿我們沒辦法了。❹省闥　禁中；宮中。省，官署名稱，漢代時聚集群臣而聽政之處稱省，處理公務之所稱寺，尚書、中書、門下各官署都設在禁中，稱為省。闥，門；大門。❹嬖孽　寵幸；寵臣。孽，原指妾媵所生之子，後引申指不忠不孝的人。❹處阨　居於要害之處。阨，要害。❹遠　遠當作「達」。❹中　打中要害。❺篤患　重病。《左傳・成公十年》載：名醫緩到達後，對晉侯說：「疾不可為也。在肓之上，膏之下，攻之不可，達之不及，藥不至焉，不可為也。」

【語　譯】有人問：「達到國家大治的關鍵在於君王，對嗎？」回答說：「兩者同樣重要。沒有天與地的配合就不能生長事物，沒有君和臣的配合就不能造成治世的局面。為首的是天與地，統領的是君和臣。古代聖王的治國之道可以作為教訓，因此沒有片刻之間可以違背道的。從前有君王達到聖王的境界，是由於教訓和謹慎，憑藉了臣子的輔佐和匡正，使周圍國家恭敬順服。因此堅持法度的臣子經常在身邊規正；禮節法度的儀式，眼睛裡經常看到；前賢的話語，經常體會到；不正當的道術，不在心裡出現，這樣邪僻的習氣，就沒有途徑進入。如留有空隙的話，一定會有邪僻進入的。因此邪僻的心意萌生了，則邪僻的事就會產生，邪僻的事產生了則公正之道就會被堵塞，正道被堵塞了則公正也就沒有地方可以進入了。不任意不偏愛稱之為「公」，只服從公事稱之為「明」。齊桓公是中庸之材，因此不能使功業圓滿，但他還是有與眾不同之處。妃嬪充滿了宮中，並非沒有受他寵愛的；眾多的臣子充滿了朝廷，也並非沒有親近的。然則朝政上卻由曾經向自己射箭的管仲主持；家庭事務上則由姿色已衰退的衛姬主持，這並不是桓公愛幸他們，而是信任他們。這樣才能懂得不是賢能的人不能信任，不是才智之士不能聽從，這些舉措是很重大的。膏肓純正潔白，病魔就不會生長，這樣才能心裡安寧；宮禁中清淨，嬖臣孽子不產生，這樣就稱為政治安定。膏肓接近於心並且處於要害之處，鍼灸達不到，藥物打不中，治療不可能，宛如有病魔變成的二個小孩子藏在那裡，這就稱之為重病。因此，無論是治療身體還是治理國家，對病魔和嬖臣孽子都是很值得畏懼的。」

或曰：「愛民如子❶，仁之至乎？」曰：「未也。」曰：「愛民如身❷，仁之至乎？」曰：「未也。湯禱桑林❸，邾遷於繹❹，景祠於旱❺，可謂愛民矣。」曰：「何重民而輕身❻也？」曰：「人主承天命❼，以養民者也。民存則社稷❽存，民亡則社稷亡。故重民者，所以重社稷而承天命也。」

【章　旨】本章認為重民輕身才是君主最大的仁德，重民就是重國家、承天命。

【注　釋】❶愛民如子　愛護百姓如同愛護親生子女一樣。❷如身　如同自己的身體一樣。❸湯禱桑林　傳說商湯之時大旱七年，太史占卜後認為應當用人祭天求雨。商湯說：我求雨就是為了百姓，怎麼可以用人殺生祭天呢？我還是自己作犧牲吧。於是齋戒剪髮，剪掉指甲，拋棄車馬，身裹白茅作犧牲，在桑林之野祭天求雨。桑林，傳說中的地名，以遍地植有桑樹而著稱。❹邾遷於繹　指邾文公把國都遷到了繹地。《左傳・文公十三年》載：「邾文公卜遷于繹。史曰：『利於民而不利於君，以利之也。民既利矣，孤必與焉。』左右曰：『命可長也，君何弗為？』」邾子曰：『命在養民，死之短長，時也。民苟利矣，遷也。吉莫如之。』遂遷于繹。」邾是春秋時國名，即鄒國，曹姓，地當今山東鄒縣一帶，建都於邾（今山東曲阜東南）。❺景祠於旱　景指齊景公，相傳齊大旱，景公占卜後知道是山神和河伯在作祟，景公想自己作祭品祀神。晏子說，這沒有用，您還是離開宮殿，露宿在野外，與山神河伯共患難，這樣可能會下雨。於是齊景公在野外露宿了三天，天果然下大雨，老百姓得以種植農作物。作者認為像以上三位君主這樣重民輕身才稱得上是愛民。祠，祭祀；作祭品。❻重民而輕身　把老百姓看得很貴重而把自己的身體看得很輕。❼承天命　承受天意。❽社稷　指國家。社原指土神，稷原指穀神，古代君主都要祭祀社稷之神，故用作國家的代稱。

【語譯】有人問：「愛護老百姓像愛護自己的親生子女一樣，這樣就是最大的仁德了吧？」回答說：「還不是。」又問：「愛護老百姓像愛護自己的身體一樣，這樣就是最大的仁德了吧？」回答說：「還不是。像商湯在七年大旱時自己作犧牲在桑林之野祭神求雨，邾文公為了老百姓利益不顧自己安危把都城遷到了繹去，齊景公在大旱之時在野外露宿三天而感動上天，像這樣才稱得上是愛護百姓。」又問：「為什麼他們把老百姓看得很重而自己的身體看得很輕呢？」回答說：「君主是承受天命而保養百姓的。老百姓得以生存，國家才得以生存；老百姓死亡了，國家也得滅亡。因此看重老百姓，是用來重視國家並且承應天命的。」

或問曰：「孟軻❶稱人皆可以為堯舜❷，其信矣？」曰：「人非下愚❸，則皆可以為堯舜矣。寫❹堯舜之貌，同堯舜之姓，則否❺；服堯之制，行堯之道❻，則可矣。行之於前❼，則古之堯舜也；行之於後❽，則今之堯舜也。」或曰：「人皆可以為桀紂❾乎？」曰：「行桀紂之事，是桀紂也❿。堯舜桀紂之事，常並存於世，唯人所用⓫而已。楊朱哭歧路⓬，所通逼⓭者然也。夫歧路烏足⓮悲哉，中反⓯焉。若夫縣度⓰之厄⓱，素⓲舉足而已矣。」

【章　旨】本章認為只要不是最愚蠢的人，人人都可以成就堯、舜那樣偉大的人，也可以成為桀、紂那樣的人，這在於人如何選擇並實行。

【注　釋】❶孟軻　孟子名軻，戰國時儒家代表人物，鄒（今山東鄒縣）人，因主張不被世用，退而與弟子萬章等著書立說，著有《孟子》一書。❷人皆可以為堯舜　見《孟子・告子下》：「曹交問曰：『人皆可以為堯舜？』孟子曰：『然。』」為，成為。堯舜，古史傳說時代的兩位部落首領，是「五帝」中的兩位。堯為陶唐氏，舜為有虞氏。堯死後，由舜繼承帝位。堯舜被古人視作聖王。❸下愚　最愚蠢的人。❹寫　描；繪。❺否　不對。❻服堯之制二句　《孟子・告子下》孟子對曹交說：「子服堯之服，誦堯之言，行堯之行，是堯而已矣。」服，遵從。制，制度。❼前　指我們之前、從前。❽後　後來，指我們現在這種時候。❾桀紂　夏桀和商紂，分別是夏代和商代的最後一位君主，都以荒淫、殘暴著稱，後來桀、紂作為暴君、亡國之君的代稱。❿行桀紂之事二句　見《孟子・告子下》，孟子接著說：「子服桀之服，誦桀之言，行桀之行，是桀而已矣。」⓫用　採用；選擇。⓬楊朱哭歧路　楊朱是戰國初期魏國人，反對儒家和墨家的思想，主張「為我」、「貴生」、「重己」，孟子批評他是「拔一毛以利天下，不為也」。歧路，分叉的路。《淮南子・說林訓》上說：「楊子見逵路而哭之，為其可以南可以北。」⓭通逼　或通或逼，或通達或狹窄。逼，局促；狹窄。⓮烏足　何足，哪裡值得。烏，疑問發語詞，相當於「何」。⓯中反　中途返回；半路上回來。⓰縣度　漢時西域山名，據《西域傳》說：在烏秅國之西，是一座石山，谿谷不通，需用繩索相引而度，故漢時人稱為縣度。縣，通「懸」。懸空。⓱阨　阻隔；不通。⓲素　白；徒然。

【語譯】有人問道：「孟軻說每個人都能夠成為堯舜那樣聖明偉大的人，這確實嗎？」回答說：「人要不是愚蠢到極點，那麼都可以成為堯舜那樣的人。繪畫出堯舜的容貌，採用堯舜那樣的姓氏，是不能成為堯舜那樣的人的；採用堯所實行過的制度，施行堯所實行過的治國方法，才能夠成為他那樣的人。在我們這時代之前實行，那就是古代的堯舜；在我們這時候實行，那就是現在的堯舜。」又有人問：「每個人都可能成為夏桀、商紂那樣的人嗎？」回答說：「施行桀紂所做過的事，這就是桀紂那樣的人了。堯舜、桀紂所做的那樣的事，常常是並存在世上的，問題只在於選擇了哪一類。楊朱曾在分叉的路途上哭泣，是因為叉路或通達或狹窄，不知道該往何處去。分叉的路哪裡值得悲傷呢？中途返回就行了。至於碰到像縣度山那樣的阻隔，那麼就是抬腿往前走也是徒勞。」

損益❶之符❷，微❸而顯也：趙獲二城，臨饋而憂❹；陶朱既富，室妾悲號❺。此知益為損，損之為益者也。屈伸❻之數，隱而昭❼也：有仍之困，復夏之萌也❽；鼎雉之異，興殷之符也❾；邵宮之難，隆周之應也❿；會稽之棲，霸越之基也⓫；子之之亂，強燕之徵也⓬。此知伸為屈，屈之為伸者也。

【章　旨】這章的意思是說事物是既對立又統一的，像損與益、屈與伸都是如此，它們之間的關係既隱微又明顯。

【注　釋】❶損益　減少和增加。❷符　徵兆；跡象。❸微　隱微；不明顯。❹趙獲二城二句　《史記・趙世家》載：趙孝成王時，攻打韓國，占領了注人城，幾天後，韓國上黨守派使者來，說韓國不能守住上黨，將它割讓給了秦國，但上黨的官吏和百姓不願入秦而更願意入趙，因此願意將它獻給趙國。趙王大喜，將這消息告訴了平陽君趙豹，趙豹認為這是有患無益的事，勸趙王不要接受。趙王不聽，派使者接受了下來。秦國不肯，在長平之戰中大敗趙軍，並坑殺了趙國四十多萬降兵。❺陶朱既富二句　陶朱指春秋時越國大夫范蠡，范蠡幫助越王句踐滅吳後，認為吳王為人不可與他共安樂，因此棄官而遠去，到了陶，變換姓名稱朱公，因為陶處於交通要道，他在那裡經商而致富，十九年之中三致千金，兩次將錢財分給別人。年老後子孫經營繁息，錢財達到巨萬，見《史記・貨殖列傳》和〈越王句踐世家〉。後來人稱富豪為陶朱公就是從這裡來的。❻屈伸　彎屈和伸直。❼昭　明；分明。❽有仍之困二句　有仍為夏朝時部落名，故址在今山東濟寧一帶，《左傳・哀公元年》載：夏帝相妃后緡為有仍氏之女，當時有窮君澆滅帝相，后緡懷孕在身，逃歸有仍而生下少康。少康長大後做了有仍的牧正，後來夏朝舊臣有鬲氏幫助他打敗了澆，恢復了夏朝的統治。困，困阨；遭難。復，恢復；收復。萌，萌生；希望。❾鼎雉之異二句　《尚書・高宗肜日》記武丁設鼎祭成湯，有飛雉歇在鼎耳鳴叫，問臣子祖己，祖己認為這是災異，勸武丁修德，幾年後國家得以中興。後用鼎雉作為災異的徵兆。鼎，古代青銅所製的三足兩耳的烹飪器，也作為祭器使用。雉，野雞。❿邵宮之難二句　邵宮指召公之室。邵通「召」。召公姬姓，是周的支族，始祖奭為周武王之臣，封於召，稱召公，後世襲之，仍稱召公。這裡的召公指周厲王時的召穆公虎。《史記・周本紀》載：厲王暴虐無道，導致國人暴動，圍攻王宮，厲王出奔到了彘，太子靜藏匿在召公家中，國人知道後圍攻召公家索取太子，召公以自己的兒子代太子，太子得以脫險，長於召公家。後來召公和周公二相主持政事，號稱「共和」。厲王死於彘後，二相共立太子為王，即周宣王。宣王時修政，諸侯來朝。隆周，興盛周室。⓫會稽之棲二句　《史記・越王句踐世家》載：吳王夫差繼位後，與越王句踐在夫椒決戰。越王大敗，帶領五千多剩餘的軍隊保棲於會稽，並派大夫文種去吳國講和。文種通過吳太宰嚭而說通了吳王，吳國赦免了越王。越王在會稽置膽於坐，飲食嘗膽，並且實行休養生息的措施，國力逐漸強盛，十多年後伐吳，俘虜了吳國太子，二十一年又滅亡了吳國，後來一度成為春秋五霸之一。⓬子之之亂二句　子之是燕王噲時的相，後來噲將君位讓給了他，《史記・燕召公世家》載：燕王噲讓位於相子之以後，子之把國政治理得很糟糕，三年後，國家大亂，齊國趁機伐燕，大勝，燕王噲死而子之逃走。二年後，燕人立太子平為王，即燕昭王。燕昭王刻苦求治，國家強盛。

【語　譯】減少和增加的跡象，既隱微又明顯。趙國得到了別國的兩個城邑，等到接受饋贈後產生了憂患；陶朱公經商致富之後，家中的妻妾卻在悲哭。從這裡可以懂得增加就會有所損失，有所損失才會有所增加的道理。彎曲和伸直的方法，是既隱蔽又顯著的。夏朝少康被困於有仍氏，這是夏朝復興的開始；武丁時產生飛雉歇在鼎耳上鳴叫的奇異現象，這是殷商興盛的徵兆；周宣王做太子時隱匿在召公的宮室中，這感應著周朝的興隆；越王句踐棲息在會稽，這是越國稱霸的基礎；子之把燕國弄得大亂，這是燕昭王使燕國強盛的標誌。從這裡可知伸直是先需要彎曲，彎曲之後才能伸直的道理。

人主之患❶，常立於二難❷之間。在上而國家不治，難也。治國家則必勤身❸、苦思、矯情❹以從道，難也。有難之難❺，闇主❻取之；無難之難❼，明主居之。大臣之患，常立於二罪❽之間。在職而不盡忠直之道，罪也；盡忠直之道，則必矯上拂下⑨，罪也。有罪之罪⑩，邪臣⑪由之⑫；無罪之罪⑬，忠臣置之⑭。人臣之義⑮，不曰吾君能矣，不我須⑯也，言無補也，而不盡忠；不曰吾君不能矣，不我識⑰也，言無益也，而不盡忠；必竭其誠、明其道、盡其義，斯已而已矣。不已，則奉身以退，臣道也。故君臣有異無乖⑱、有怨無憾⑲、有屈無辱⑳。人臣有三罪：一曰導非㉑，二曰阿失㉒，三曰尸寵㉓。以非引上㉔謂之導，從上之非謂之阿，見非不言謂之尸。導臣誅，阿臣刑，尸臣絀㉕。進忠有三術：一曰防，二曰救，三曰戒。先其未然㉖謂之防，發而止之謂之救，行而責之謂之戒。防為上，救次之，戒為下。下不鉗口㉗，上不塞耳，則可有聞㉘矣。有鉗之鉗㉙，猶可解也；無鉗之鉗㉚，難矣哉。有塞之塞㉛，猶可除也；無塞之塞㉜，其甚矣夫！

【章　旨】這一章從君臣兩方面闡述治國之道。認為君主方面產生的禍患是「二難」，臣子方面產生的禍患是「二罪」。另外，並著重闡述臣子方面的「三罪」和進忠的「三術」。

【注　釋】❶患　禍患；災難。❷立於二難　產生在兩類困難的事情上。❸勤身　勞身，使身體勞苦。❹矯情　壓抑自己的情感。❺有難之難　確實有災難才認為有災難。❻闇主　暗昧的君主，不是明君。闇同「暗」。暗昧；昏庸。❼無難之難　還沒有產生災難卻看作有災難一樣，時刻謹慎小心。❽立於二罪　產生在二種罪過中。❾矯上拂下　糾正君主的過失，違反下級的意志。拂，逆；違背。❿有罪之罪　確實有罪才認為是罪，指不盡忠直之道而產生的罪過。⓫邪臣　奸邪之臣；不忠直之臣。⓬由之　招致了它。由，招致；導致。⓭無罪之罪　指不是由於臣子的原因而產生的罪過，臣子盡了忠直之道仍然沒法避免的罪過。⓮置之　置身其中。⓯義　忠義。⓰不我須　「不須我」的倒裝，不需要我。⓱不我識　「不識我」的倒裝，不賞識我。⓲有異無乖　指君臣兩者的見識等有不相同之處，但沒有違背相反之處。⓳有怨無憾　怨，怨屈。憾，恨；仇恨。⓴有屈無辱　屈，委屈。辱，恥辱。㉑導非　引導君主做不正當的事。㉒阿失　因奉迎、順從君主而失職。㉓尸寵　不盡忠直之道而得寵。尸，指在其位不謀其事，有名無實。㉔以非引上　用不正當的事情引導君主。㉕絀　通「黜」。罷免；免職。㉖先其未然　在還沒有產生之前。㉗鉗口　閉口不說話，好像嘴被人用東西夾住一樣。㉘有聞　能聽到什麼。㉙有鉗之鉗　意思是君主夾住臣子的口不讓說話而臣子閉口不說話。㉚無鉗之鉗　指君主並不是不讓臣子說話而是臣子自動不說話。㉛有塞之塞　指君主的耳朵被塞住了而聽不到。㉜無塞之塞　並沒有塞住君主的耳朵卻聽不到，指君主不聽臣子之言。

【語　譯】君主的禍患，常常產生在兩件難事之間。高高在上而國家得不到治理，這是一件難事；治理國家則一定會使身體勞苦、思慮憂苦、壓抑自己的情感而遵從事物之道，這是一件難事。確實已經產生了患難才把它作為患難，這是昏庸的君主才採用的措施；還未產生患難而預先防備著患難，這是英明的君主採用的措施。大臣的禍患，常常產生在二種罪過之中。擔任官職卻不盡忠貞正直之道，這是一種罪過；盡了忠貞正直之道，就一定會糾正君主的過失，並且違背下級的意思，這是一種罪過。

不盡忠直之道所產生的罪過，是奸邪之臣招致來的；盡了忠直之道而產生罪過，忠貞之臣往往置身其中。臣子的忠義之處在於不說「我們的君王有才能，不需要我，我說話沒有用，因而不盡忠」；也從不說「我們君王沒有才能，不賞識我，我說了也沒有用，因而不盡忠」這樣的話，一定是竭盡他的忠誠、表明他的道理、盡他的義務，像這樣做才是。不這樣的話，就奉身退位，這是做臣子的道理。因此君和臣有不相同之處，但沒有相違背之處；有怨憾，但沒有仇恨；有委屈，但沒有恥辱。臣子有三種罪：一是引導君王做不正當的事情，二是一意迎合君主而使他產生過失，三是不盡忠直之道而取寵。用不正當的行為引導君主稱為導，順從君主做不正當的事稱為阿，見到不正當的事情不規勸稱為尸。引導君主幹不正當事的臣子應被誅殺，阿意迎合的臣子應當被處罰，在其位不謀事的臣子應當被罷免。進獻忠直的有三種方法：第一種是預防，第二種是補救，第三種是除去。在還沒有產生禍患之前就消除了災禍稱為防，禍患發生了而及時補救它稱為救，已經造成了再去責備它稱為戒。預防是最上等的措施，補救是次等的，戒備是最下等的。在下的臣子不把嘴閉住，在上的君主不把耳朵塞住，那就可以聽到什麼了。如果被夾住了嘴因而閉口不說話，還可以解脫，沒有被夾住嘴卻閉口不說話，那就很難解脫了；被塞住耳朵而聽不到，還可以解除；沒被塞住耳朵卻聽不到，那就太糟糕了。

或曰：「在上有屈❶乎？」曰：「在上者以義申❷，以義屈。高祖雖能申威於秦、項，而屈於商山四公❸；光武能申於莽，而屈於強項令❹；明帝能申令於天下，而屈於鍾離尚書❺。若秦二世之申欲，而非笑唐虞❻。

若定陶傅太后之申意，而怨於鄭❼。是謂不屈。不然，則趙氏不亡❽，而秦無衍尤❾。故人主以義申，以義屈也。喜如春陽❿，怒如秋霜⓫，威如雷霆之震⓬，惠若雨露之降，沛然⓭孰能禦⓮也？」

【章　旨】本章認為君主也有屈己從人的時候，君主因為正義而伸張，因為正義而屈己從人。

【注　釋】❶屈　彎曲，這裡是屈己而從人的意思。❷申　同「伸」。伸直；伸張。❸高祖雖能申威於秦項二句　高祖指漢高祖劉邦。申威於秦項，指劉邦消滅了秦王朝，又打敗了項羽的軍隊，建立了漢朝政權。商山四公，指西漢初年隱居於商山（今陝西商縣東）的四位老人，即東園公、綺里季、夏黃公和甪里先生，四人鬢眉皆白，又稱四皓。《史記・留侯世家》載：漢高祖年老時寵幸戚夫人，屢欲廢太子而立戚夫人子趙王如意。呂后向留侯張良問計，張良建議太子迎請商山四老輔佐自己。後來太子侍候高祖飲酒，四個老人跟隨著。高祖覺得奇怪，問後知道是商山四老。高祖大驚，說：我幾年來一直尋找你們，你們逃避我，現在你們為什麼跟從了我兒子？四人回答說：您輕視讀書人，因此我們恐怕受辱，逃避您；而太子為人仁孝，恭敬愛士，天下人沒有不願意為他而死的，因此我們來了。從此後高祖打消了改換太子的意圖。❹光武能申於莽二句　光武指東漢建立者光武帝劉秀。申於莽，指他帶領的軍隊在昆陽之戰中消滅了王莽的主力大軍，後來又推翻了王莽的新朝，在西漢的廢墟上復興了漢朝。強項令，指東漢光武帝時洛陽令董宣。《後漢書・董宣傳》載：漢光武帝的姊姊湖陽公主的蒼頭（奴僕）在洛陽城中白日殺人，並躲進公主家，沒法治罪。後來蒼頭隨公主出門，洛陽令董宣在夏門亭攔截公主的車駕，並當著公主的面將蒼頭殺了。公主哭訴到光武帝那裡，光武帝召董宣欲治他的罪，董宣說：「陛下聖德中興而從奴殺人，將何以治天下乎？臣不須箠，請得自殺。」將頭撞在柱子上，血流滿面。

光武帝又命令小太監按住董宣的頭讓他向公主叩頭賠罪，董宣不肯，兩手撐地，頭怎麼也按不下去。光武帝只好讓他出去，並且稱他為強項令，賜給他三十萬錢。❺明帝能申令於天下二句　明帝指漢明帝。鍾離尚書，鍾離意，當時擔任尚書。《後漢書．鍾離意傳》載：當時交阯太守張恢因貪贓而伏法，財物被沒收，明帝將它賜與群臣，鍾離意得到珠璣，把它全部拋在地上，並且不拜謝皇上。明帝問他，他說：這些是髒穢之物，我是不敢拜謝並接受的。明帝贊歎他的清白，將庫錢三十萬賜給他，並且將他升為尚書僕射。明帝經常去廣盛苑遊獵，鍾離意認為這是荒廢政務，常常當面進行勸諫，明帝立即返回宮中。❻秦二世之申欲二句　秦二世名胡亥，是秦始皇的第二個兒子，繼位後加重橫徵暴斂，引起人民反抗，後來被宦官趙高逼迫自殺。申欲，為所欲為，指繼續營建阿房宮，加重賦稅徭役等。非笑唐虞，指他嘲笑堯舜的儉樸，堯為陶唐氏，舜為有虞氏，後人稱為唐堯、虞舜。《史記．秦始皇本紀》載：丞相李斯等勸諫二世停造阿房宮，並且減省邊役。二世不聽，說：「吾聞之韓子曰：『堯舜采椽不刮，茅茨不翦，飯土塯，啜土形，雖監門之養，不觳於此。禹鑿龍門，通大夏，決河亭水，放之海，身自持築臿，脛毋毛，臣虜之勞不烈於此矣。』凡所為貴有天下者，得肆意極欲，主重明法，下不敢為非，以制御海內矣。夫虞、夏之主，貴為天子，親處窮苦之實，以徇百姓，尚何於法？朕尊萬乘，毋其實，吾欲造千乘之駕，萬乘之屬，充吾號名。」❼定陶傅太后之申意二句　定陶傅太后本為漢元帝婕妤傅氏，生定陶恭王，封為昭儀，為漢哀帝祖母。怨於鄭，使鄭家受累被怨。傅太后生父早卒，母改嫁於鄭家。《漢書．外戚傳》載：元帝崩後，傅昭儀隨恭王歸國，稱定陶太后。恭王死後，子代為王。成帝無繼嗣，傅氏用珍寶賄賂趙昭儀等，使得成帝徵定陶恭王立為太子，是為哀帝。哀帝即位後，屢尊傅氏為帝太太后、皇太太后。傅太后娘家傅氏、鄭氏封侯者六人，大司馬二人，九卿二千石六人，侍中諸曹十餘人。傅太后尊貴後，非常驕橫，稱成帝母為嫗，並以祝詛罪誣陷中山孝王母，逼迫她自殺。哀帝死後，王莽執政，傅太后被貶號為定陶共王母，墳墓被挖掘改葬。傅氏、鄭氏皆受累。❽趙氏不亡　成帝昭儀趙氏，在勸說成帝立定陶王為太子時起了重要作用，太子即帝位後，尊她為皇太后，哀帝崩後，王莽執政，被廢為庶人，在園中自殺。❾愆尤　罪責。❿春陽春天的太陽，喻和煦溫暖。⑪秋霜　秋天的霜，喻寒冷。⑫雷霆之震　喻憤怒。霆，大雷。⑬沛然　盛大的樣子。⑭禦　阻擋；抵擋。

【語譯】有人問：「做帝王的有屈己從人的時候嗎？」回答說：「帝王因為正義而伸張，也因為正義而屈己從人。漢高祖雖然能夠對秦朝和項羽伸張聲威，卻屈從於商山的四位老人而終於打消了改換太子的念頭；光武帝能消滅王莽，伸張聲威，卻屈從於強項令董宣；漢明帝能對天下發號施令，卻屈從於尚書鍾離意。像秦二世為所欲為，並且取笑堯舜的儉樸自奉；像定陶傅太后伸張自己的意圖，致使鄭家連累受怨，這就是不屈己從人。不這樣的話，成帝趙昭儀不會自殺身亡，秦二世也就沒有亡國的罪責。因此帝王因為正義而伸張，因為正義而屈己從人。喜悅時像春天的太陽那樣和暖，憤怒時像秋霜一樣嚴寒，發威時像雷霆震怒一樣，施恩時像雨露降臨一樣，氣勢盛大誰能抵擋得住？

或曰：「難行❶。」曰：「若高祖聽戍卒不懷居，遷萬乘不俟終日❷，孝文帝不愛千里馬❸，慎夫人衣不曳地❹，光武手不持珠玉❺，可謂難矣。抑情絕欲❻不如是，能成功業者鮮❼矣。人臣若金日磾以子私謾而殺之❽，丙吉之不伐❾，蘇武之執節❿，可謂難矣。」

【章旨】這章認為許多事情常人難以實現，而有人實現了，這才是難能可貴的。

【注釋】❶難行　難於實行；難於做成。❷高祖聽戍卒不懷居二句　《史記・留侯世家》載：劉敬勸高祖定都關中，高祖疑惑不定。高祖手下的大臣都是殽山以東人，力勸高祖定都洛陽。高祖問張良，張良分析了兩地形勢，認為洛陽地勢狹小，而關中地勢險固，而且沃野千里，供給也便利，是「金城千里，天府之國」，肯定了劉敬的說法。高祖聽了張良的話後，即日起駕向西，建都於關中。聽，任。戍卒，行戍的士兵。懷居，戀家。萬乘，周制天子車馬一萬輛，稱萬乘，後作為天子的代稱。乘，輛，四匹馬拉一車。俟，待。❸孝文帝不愛千里馬　孝文帝為西漢皇帝，呂后死後，周勃等擁他以代王入為皇帝，實行與民休息政策，使漢代經濟得以恢復和發展。據說孝文帝時有人獻千里馬，文帝說：鸞旗在前，屬車在後，吉行日五十里，師行日三十里，朕乘千里馬獨先，安之？」下詔不接受。❹慎夫人衣不曳地　慎夫人為漢文帝寵妃，《史記・孝文本紀》載：「所幸慎夫人，令衣不得曳地，幃帳不得文繡，以示敦朴，為天下先。」❺光武手不持珠玉　《後漢書・循吏傳敘》說：「光武身衣大練，色無重綵，耳不聽鄭衛之音，手不持珠玉之玩。」❻抑情絕欲　壓抑自己的感情、棄絕自己的欲望。❼鮮　少；罕見。❽金日磾以子私讒而殺之　金日磾本為匈奴休屠王太子，漢武帝時歸漢，賜姓金。初沒入官，後遷侍中，為武帝所信任，後與霍光等同受遺詔輔政。《漢書・金日磾傳》載：「日磾子二人皆愛，為帝弄兒，帝在旁側。弄兒或自後擁上項，日磾在前，見而目之。弄兒走且啼曰：『翁怒。』上謂日磾：『何怒吾兒為？』其後弄兒壯大，不謹，自殿下與宮人戲，日磾適見之，惡其淫亂，遂殺弄兒。弄兒即日磾長子也。」私讒，為帝所愛而不守法度。私，偏愛。讒，誣讒，不守禮法。❾丙吉之不伐　丙吉即邴吉，漢魯國人。宣帝時封博陽侯，任丞相。《漢書・丙吉傳》載：武帝時衛太子因巫蠱之禍被誣，衛太子家人被連累，當時衛太子之孫（即武帝曾孫）生下才數月，也被繫獄。廷尉監丙吉哀其無辜，多方保護得以獲全。後來衛太子之孫登上帝位，即宣帝。「吉為人深厚，不伐善，自曾孫遭遇，吉絕口不道前恩，故朝廷莫能明其功也。」後來有宮婢自陳有阿保之功，言辭中說到丙吉知道這些情況，宣帝親自問丙吉，才知道丙吉對自己有舊恩。不伐，不誇耀自己的功勞。❿蘇武之執節　蘇武為西漢杜陵人（今陝西西安東南），字子卿。《漢書・蘇武傳》載：武帝時出使匈奴，被扣。匈奴單于脅迫他投降，蘇武不屈，被徙至北海，使牧公羊，要等到公羊產子才能釋放。

蘇武嚙雪食草籽，持漢節牧羊十九年，節旄盡落。昭帝即位，與匈奴和親，蘇武才得歸。節，符節，古代使者用來作為憑證。

【語　譯】有人說：「許多事難以實行。」回答說：「像漢高祖聽從戍守的軍隊不懷戀家室，一天之內就把都城遷到了關中；孝文帝不愛千里馬，慎夫人的衣裙不拖著地；光武帝手裡不持珠玉，這樣才可說是難事。不這樣壓抑感情棄絕私欲的話，能成就功業的是很少見的。做臣子的像金日磾因為兒子受寵幸不守禮法而殺死了他，丙吉不誇耀自己的功勞，蘇武手握符節牧羊，這才可說是很難辦到的。」

或問厲志❶。曰：「若殷高宗能葺其德，藥瞑眩以瘳疾❷；衛武箴戒於朝❸；句踐懸膽於坐❹，厲矣哉。」

【章　旨】這一章回答什是磨礪節操。

【注　釋】❶厲志　砥礪節操。厲，通「礪」。砥礪，磨練。❷殷高宗能葺其德二句　殷高宗即武丁，《尚書・說命》載：武丁喪父後，三年不說話，政事由冢宰決定，以觀民風。在得到傅說之後，立他為相，並且說：「啟乃心，沃朕心，若藥弗瞑眩，厥疾弗瘳。」葺其德，指殷高宗祭成湯，有雉飛上鼎耳而鳴，以來凶兆，後來修政行德，復興殷室。瞑眩，頭暈氣悶，指藥性發作時令人難受的感覺。瘳疾，病癒。葺，修理；修養。瘳，癒。❸衛武箴戒於朝　衛武公，衛釐侯之子。《國語・楚語》載：「昔衛武公年數九十有五矣，猶箴儆於國，曰：『自卿以下至於師長士，苟在朝者，無謂我老耄而舍我，必恭恪於朝，朝夕以交戒我，聞一二之言，必誦志而納之，以訓導我。』」箴戒，作箴告誡。箴，一種用以規勸的文體。❹句踐懸膽於坐　句踐被吳王夫差打敗後，棲息於會稽，懸膽於坐，常常仰視，飲食時嚐其味，用來勵志，後來終於消滅了吳國。

【語　譯】有人問如何磨練意志。回答說：「像殷高宗能夠修養他的德操，像服藥而藥性發作，一陣難過之後，病痊癒了。衛武公到了年老時還作箴告誡朝臣，句踐將苦膽懸掛在座位之上表示不忘報仇，像這樣就是磨練意志。」

寵妻愛妾幸❶矣，其為災也深矣。災與幸同乎？曰：「得❷則慶，否則災，戚氏不幸不人豕❸，趙昭儀不幸不失命❹，栗姬不幸不廢❺，鉤弋不幸不憂殤❻，非災而何？若慎夫人之知❼，班婕妤之賢❽，明德皇后之德❾，邵❿矣哉。」

【章　旨】這一章說為帝王所寵幸的后妃，有的很幸運，有的很不幸。幸運的后妃一般都是很明智的人。

【注　釋】❶幸　寵幸。❷得　得法，做事情不出格。❸戚氏不幸不人豕　戚氏指漢高祖的寵妾戚夫人，漢高祖晚年很寵幸她，因她的請求，幾次想廢棄呂后所生的太子而立戚夫人所生的趙王如意為太子，後來呂后聽從了張良的計謀，才保住了太子的地位。呂后對戚夫人恨之入骨，高祖死後，呂后將她斬去四肢，剜去眼睛，熏聾耳朵，並且強迫她飲啞藥，關在廁所之中，呼為「人彘」。見《史記・呂后本紀》和《漢書・外戚傳》。❹趙昭儀不幸不失命　漢成帝昭儀趙氏，為成帝皇后趙飛燕的妹妹，皇后寵衰後，成帝專寵昭儀十多年。成帝死，天下歸罪昭儀，皇太后詔令王莽等治問皇帝起居發病狀況，趙昭儀自殺。昭儀為漢代妃嬪的第一級，漢元帝時始置。❺栗姬不幸不廢　栗姬為漢景帝妃子，景帝立栗姬子為太子，長公主有女欲與太子為妃，栗姬因妒景帝諸美人與長公主交好而得幸，因此不答應。景帝又曾經要求栗姬在他死後照顧好諸姬所生之子，栗姬不答應，並且出言不遜，景帝心裡銜恨只是沒有發作。後來王夫人又暗中使人催促景帝立栗姬為皇后，景帝發怒說，這不是你應當說的。因此而廢太子為臨江王。栗姬憂憤而死。❻鉤弋不幸不憂殤　漢武帝趙婕妤，為昭帝母。漢武帝巡狩過河間，找到一女子，兩手皆拳，武帝親自將它扳開，手即刻伸展。因此寵幸她，稱為拳夫人。後來築鉤弋宮讓她居住。鉤弋，即鉤乙，指拳夫人兩手緊抓如鉤。鉤弋夫人生下兒子，稱鉤弋子。漢武帝在衛太子事件後，有心立鉤弋子為太子，但因母子皆年少，因此遲遲未立。後來武帝立鉤弋子為太子，即昭帝。殤，夭亡；死亡。❼慎夫人之知　孝文帝所寵幸的慎夫人在宮中曾與皇后同席而坐，袁盎讓她退出，慎夫人和文帝都很憤怒。袁盎說：尊卑有序才能上下和睦，今已立后，慎夫人是妾，不能和后同坐，陛下難道沒有看到人彘嗎？文帝才高興了起來，並且告訴了慎夫人，慎夫人賜給袁盎五十斤黃金。知，明智，識大體。❽班婕妤之賢　班婕妤是班況的女兒，班彪的姑母，班婕妤入宮時年紀很輕，後來得到成帝寵幸，成帝欲與她同輦載，婕妤勸說他而放棄。每次進見皇上依照古禮。後來趙飛燕誣告許后、婕妤詛咒後宮，詈及皇上。皇后被廢，班婕妤因善對而獲免。因為恐怕以後被趙飛燕所危害，自求供養太后於長信宮。以上事例俱見《漢書・外戚傳》。婕妤是漢代妃嬪的稱號，武帝時始置。❾明德皇后之德　即東漢明帝馬皇后，諡號明德，是伏波將軍馬援之小女兒，《後漢書・皇后紀》載：她做明帝貴人時，賈氏生子，明帝命她撫育，她養育得比親生子還好。皇太后稱贊她德冠後宮，被立為皇后，更加自謙。穿著樸素，對明帝的政事也多所規勸、補益。❿邵　高，高尚。

【語　譯】寵妻愛妾受到寵幸，成為災禍的也很深重。災禍和寵幸常常連在一起嗎？回答說：「受寵幸而得分寸就吉祥，否則將成為災禍。戚夫人不恃寵的話就不會成為人彘；趙昭儀不恃寵的話就不會丟了性命；栗姬不恃寵的話就不會被廢棄；鉤弋夫人不恃寵的話就不會因憂傷而死亡。這不是災禍是什麼呢？像慎夫人那樣識大體，班婕妤那樣賢良，馬皇后那樣品德好，確實是很高尚的啊！」

為世憂樂❶者，君子之志也；不為世憂樂者，小人之志也。太平之世，事閑❷而民樂，徧❸焉。

【章旨】這章是說是否與時世同憂樂，是君子之志與小人之志的區別所在。

【注釋】❶為世憂樂　與世同憂樂，世事憂患則心憂，世事安樂則心安樂。❷閑　安閒。❸徧　普遍；遍及。

【語譯】與世事同憂共樂的是君子的志向，不與世事同憂共樂的是小人的志向。太平的時世，事情安閒而百姓和樂，這是普遍的現象。

使遽❶者揖讓百拜❷，非禮也。憂者弦歌鼓瑟❸，非樂也。禮者❹敬而已矣，樂者❺和❻而已矣。匹夫匹婦❼，處畎畝❽之中，必禮樂存焉爾。

【章旨】這一章認為禮是表示敬重，樂是表示和睦的，因此禮樂要用得妥當、適時。

【注釋】❶遽　急；急忙。❷揖讓百拜　表示施禮。揖，兩手相拱。百拜，一種重禮，一般為卑下者對尊上者所施。❸弦歌鼓瑟　和著樂器發出的聲音唱歌。❹禮者　指揖讓百拜。❺樂者　指弦歌鼓瑟。❻和　和樂；

應和。❼匹夫匹婦　指普通百姓。❽畎畝　田間。畎，田間小溝。

【語　譯】如果讓有急事的人停下來施行揖讓、百拜那樣的禮節，這是不成禮敬的；如果讓憂愁的人和弦而歌、彈瑟，那是不能和樂的。禮是用來表示恭敬的，樂是用來表示和睦的。即使是普通百姓，相處在田間地邊，禮和樂也是存在其間的。

違❶上順道，謂之忠臣；違道順上，謂之諛❷臣。忠所以為上也，諛所以自為❸也。忠臣安於心❹，諛臣安於身❺。故在上者，必察乎違順，審❻乎所為，慎乎所安。廣川王弗察，故殺其臣❼；楚恭王察之而遲，故有遺言❽；齊宣王❾其察之矣，故賞諫者。

【章　旨】這一章認為如何看待君王和道，是忠臣還是諛臣的區別，因此君王在這一點上要審察、謹慎。

【注　釋】❶違　違逆。❷諛　阿諛；奉迎。❸自為　為了個人的私利。❹安於心　指內心安寧，對得起自己的良心。❺安於身　使身子安寧，指遠離禍患。❻審　看清。❼廣川王弗察二句　廣川王指漢景帝子廣川惠王劉越的孫子劉去，劉去的荒淫殘暴在漢朝宗室中是最出名的，前後殘殺十六人，對諸姬奴婢燔燒烹煮，生割肢解。因為罪孽深重，被廢為庶人。《漢書・景十三王傳》載：劉去十四、五歲時，師傅傳授他《易經》，並且多次對他諫正。劉去長大後，將師趕走了。內史作廣川王的屬官，因為師數次令內史禁切王家，劉去派家奴將師父子殺死了。❽楚恭王察之而遲二句　《左傳》載：成公十六年，楚恭王救鄭，不聽申叔之言，在戰爭中被射中眼睛，敗於鄢陵。到襄公十三年，疾病發作，告訴大夫說：「不穀不德，少主社稷，生十年而喪先君，未及習師保之教訓而應受多福，是以不德而亡師于鄢，以辱社稷，為大夫憂。」這就是所謂遺言。❾齊宣王　戰國時齊國國君，喜愛文學遊說之士，鄒衍、淳于髡、田駢、慎到、環淵等七十六人都被任命為列大夫，並為他們建造高門大屋，讓他們任意議論政治得失。

【語　譯】違背君主的意志而順從天道，稱之為忠臣；違背天道而順從君主的意志，稱為阿諛之臣。盡忠是為了君主，而阿諛是為了自己。忠臣對得起自己的良心，阿諛之臣是為了保持自身。因此做君主的一定要詳察臣子違背什麼順從什麼，審視他們的所作所為，留心他們是安心還是安身。廣川王不懂得審察，因此殺死他的臣子；楚恭王審察了但已經遲了，因此留下了遺言；齊宣王能夠審察，因此賞識勸諫的人。

或問人君人臣之戒❶，曰：「莫匪戒也。」請問其要❷。曰：「君戒專欲❸，臣戒專利❹。天子守在四夷❺，襲❻於膝下❼，患之甚矣。八域❽重譯❾而獻珍❿，非寶也。腹心之人⓫，匍匐⓬而獻善，寶之至矣。故明王慎內守，除外寇，而重內寶⓭。雲從于龍，風從于虎⓮；鳳儀于韶⓯，麟集于孔⓰，應也。出於此，應於彼，善則祥，祥則福，否⓱則眚⓲，眚則咎⓳，故君子應之。」

【章　旨】這一章認為無論是君是臣都有引以為戒的東西。君主應該戒除自己的私欲，而臣子應戒除自己的私利。

【注　釋】❶戒　引為戒，戒除。❷要　要旨；主旨。❸專欲　屬於個人的私欲。❹專利　屬於個人的私利。❺四夷　周邊蠻夷之地。❻襲　襲取；進攻。❼膝下　指身邊、眼前。❽八域　四方。❾重譯　指需要輾轉相譯。❿獻珍　獻上珍寶。⓫腹心之人　極其親信之人。⓬匍匐　伏在地上，表示心誠之極。⓭重內寶　指重視忠信的臣子，把他們當作寶。⓮雲從于龍二句　出自《易經・乾卦・文言》：「雲從龍，風從虎。」意思是龍起生雲，虎嘯生風，同類的事物相互感應，比喻君主得到賢臣，臣子遇到明君。⓯鳳儀于韶　儀，相匹配。韶，簫韶的簡稱，傳說是舜時的音樂名稱。《尚書・益稷》：「〈簫韶〉九成，鳳皇來儀。」⓰麟集于孔　《左傳・哀公十四年》載：魯哀公在春天西狩於大野。叔孫氏之車子鉏商捕到了麒麟，哀公以為不吉祥，將它賜給了掌管山澤之官虞人。孔子看到後，說這是麒麟，因此魯哀公又帶了回來。古人認為麒麟的出現是將有傑出人物出現的徵兆，漢代經學家劉向等都認為獲麒麟感應著孔子的出現。麟，麒麟，古代傳說中一種吉祥的動物，其狀如鹿，獨角，全身生麟甲，尾像牛。孔，指孔子。⓱否　否隔；不通。⓲眚　原指眼睛有病。引申為過失。⓳咎　災禍；禍害。

【語　譯】有人問君主和臣子應當以什麼為戒，回答道：「沒有什麼不能引以為戒的。」請問這句話要旨是什麼？回答說：「君主應當戒除自己的個人私欲，臣子應當戒除自己的個人私利。天子守在周邊蠻夷之地，而身邊遭到進攻，那是最大的禍患啊！四面八方來的人通過輾轉相譯而進獻珍寶，不值得貴重；親信的人誠心誠意地獻上善言，那才是最可寶貴的東西。因此英明的君王謹慎地守衛著自己的國家，消滅外來入侵者，鳳凰隨著優美的音樂聲飛來，麒麟的祥瑞聚集在孔子身上一樣，這是感應而生。出現了這些事物，感應著那些事物，善則吉祥，吉祥則獲福，否隔則產生過失，過失則產生災禍，因此君子對這些事物有所感應。」

君子食和羹❶以平其氣，聽和聲❷以平其志；納和言❸，以平其政，履❹和行以平其德。夫酸鹹甘苦不同，嘉味❺以濟❻，謂之和羹；宮商角徵❼不同，嘉音以章❽，謂之和聲；臧否❾損益❿不同，中正⓫以訓，謂之和言；趨舍⓬動靜不同，雅度⓭以平，謂之和行。人之言曰：「唯其言而莫予違也，則幾於喪國焉⓮。」孔子曰：「君子和而不同⓯。」晏子⓰亦云：「以水濟水，誰能食之？琴瑟一聲，誰能聽之⓱？」《詩》云：「亦有和羹，既戒且平，奏假無言，時靡有爭⓲。」此之謂也。

【注釋】❶和羹　調以五味的肉羹。羹，肉羹；肉汁。❷和聲　幾種樂器奏出的和美的聲音。❸和言　指善言。❹履　腳踩，這裡指實行。❺嘉味　美味。❻濟　補救；調和。❼宮商角徵　古代把音樂分為五個音階，稱宮、商、角、徵、羽，宮商角徵為五聲中的前四個音階。❽章　指音樂的段落，古代把音樂一闋稱為一章。

❾臧否　好壞；善惡。❿損益　減少和增加。⓫中正　中和公正。⓬趨舍　走近或遠離。⓭雅度　優雅的氣度。⓮唯其言而莫予違也二句　莫予違，「莫違予」的倒置，不違背我，這句話出自《論語・子路》：魯定公問：「一言而喪邦，有諸？」孔子回答說：「言不可以若是其幾也。人之言曰：『予無樂乎為君，唯其言而莫予違也。』如其善而莫之違也，不幾乎一言而喪邦乎？」⓯君子和而不同　和而不同，指相和諧而不完全苟合，這一句也出自《論語・子路》：子曰：「君子和而不同，小人同而不和。」⓰晏子　名嬰，春秋時齊國大夫，是個賢臣。⓱以水濟水四句　以水濟水，用水來救水，只能助長其勢。《左傳・昭公二十年》載：晏子對齊侯說：「今據不然，君所謂可，據亦曰可；君所謂否，據亦曰否。若以水濟水，誰能食之？若琴瑟之專壹，誰能聽之？」⓲亦有和羹四句　見《詩經・商頌・烈祖》。《左傳・昭公二十年》中晏子也引此詩。奏，進。假，大。時，實；是。靡，無。

【語　譯】君子食用五味調和起來的肉羹，用來平和他的氣質；聽用多種樂器合奏出的和諧的聲音，用來平和他的心志；採納和善的言論而使政治平和，實行合乎天道的行動而使他的道德平和。酸、鹹、甜、苦四種味道不一樣，調和後成為美和，稱為和羹。宮、商、角、徵四種音階不同，調和成一曲美妙的音樂，稱為和聲；好和壞、減少和增加都不相同，中和公正地加以引導，稱為和言；趨近和離開、運動和靜止不相同，氣度優雅而平和，稱為和行。有人說：「如果只希望別人說話與我的不相違背，那差不多可使國家喪失。」孔子說：「君子在一起很和諧，但並不相苟合。」晏子也說：「用水來補救水，誰能飲食它呢？琴瑟只發出單一的聲調，誰能聽它呢？」《詩經》上說：「也有經過調味的肉羹，既謹慎又平和。不用進獻大的諫言，也沒有什麼爭端產生。」

卷五

雜言下第五

【題解】這一篇緊接上一篇。在這一篇中對立德、才能和德行、進諫和受諫、知人和自知、操守、性和命、天命和人事、本性和情感、刑法和教化、修行、立志和修身等都作了探討，其中性和命、天命和人事、本性和情感之間關係的探討占的篇幅最大，也最有價值。作者認為性和命是有區別的，「生之謂性也，形神是也」，「所以立生終生者之謂命也，吉凶是也」。在關於天命和人事的關係問題上，他發揮了劉向的「性不獨善，情不獨惡」說，認為本性和情感是互相呼應的。他又認為肉體和精神接近於氣，「凡言神者，莫近於氣，有氣斯有形，有神斯有好惡喜怒之情矣。」從探討性和情的關係問題出發，探討了利和義的關係問題，認為本性欲得義則情感趨向於得義，反之本性欲得利則情感也趨向於得利。又認為在人的本性中善與惡是相混雜的，但刑法和教化仍有必要，因為大多數人的本性中善惡互相爭鬥，需要教化來成全善的，用刑法來消解惡的。

衣裳❶服者，不昧❷於塵塗❸，愛也；衣裳愛焉，而不愛其容止❹，外矣。容止愛焉，而不愛其言行❺，末矣。言行愛焉，而不愛其明❻，淺矣。故君子本神為貴，神和德平而道通，是為保真❼。人之所以立德❽者三：一曰貞，二曰達❾，三曰志。貞以為質❿，達以行之，志以成之，君子哉。必不得已也，守一⓫於茲⓬，貞其主⓭也。人之所以立檢⓮者四：誠其心，正其志，實其事，定其分。心誠則神明⓯應之，況於萬民乎？志正⓰則天地順⓱之，況於萬物乎？事實則功立，分定則不淫⓲，曰：「才⓳之實也，行可為，才不可也。」曰：「古之所以謂才也本，今之所以謂才也末也。然則以行之貴也，無失其才，而才有失⓴。」先民㉑有言：「適楚而北轅者曰：『吾馬良、用多、御善。』此三者益侈，其去楚亦遠矣㉒。」遵路㉓而騁㉔，應方㉕而動。君子有行，行必至㉖矣。

【章旨】這章寫人如何進行道德修養和省察自己的行為，最後認為君子的行動要合乎善。

【注　釋】❶裳　下衣。❷昧　闇；污穢。❸塵塗　塵土飛揚的路途中。塗，同「途」。❹容止　指人的儀容舉止。❺愛其言行　指言行謹慎小心。❻明　明智。❼保真　保住真性。❽立德　樹立德業。❾達　通達。❿質　性質；本質。⓫守一　專一。⓬茲　這裡。⓭主　主要，主要的。⓮檢　檢查；省察自己。⓯神明　神靈。⓰志正　意志正直。⓱順　順應。⓲淫　指思緒過分。⓳才　指才能。⓴才有失　才能有喪失的。㉑先民　指戰國時季梁。㉒適楚而北轅者曰四句　見《戰國策・魏策四》：魏王欲進攻趙國邯鄲，季梁知道這件事後，從半路上回來，去勸說魏王：「今者臣來，見人於大行，方北面而持其駕。告臣曰：『我欲之楚。』臣曰：『君之楚，將奚為北面。』曰：『吾馬良。』臣曰：『馬雖良，此非楚之路也。』曰：『吾用多。』臣曰：『用雖多，此非楚之路也。』曰：『吾御者善。』此數者愈善，而離楚愈遠耳。今王動欲成霸王舉，欲信於天下，恃王國之大，兵之精銳，而攻邯鄲以廣地尊名，王之動愈數，而離王愈遠耳。猶至楚而北行也。」適，至；到。北轅，向北趕車。轅是駕車用的直木或曲木，壓在車軸上，伸出車輿的前端。御善，指駕車者的技術高超。侈，大；多。㉓遵路　沿著路。㉔騁　馳騁；快跑。㉕應方　順應方向。㉖至　達；到；到達目的地。

【語　譯】衣和裳是用來穿的，在充滿灰塵的路途中不被弄髒，是因為愛惜它；愛惜衣裳卻不愛護自己的儀容舉止，這還是外在的；儀容舉止受到愛護，卻不愛自己的智慧，這是很膚淺的。因此君子著重於精神並以精神為貴，精神和道德平和，事理通達，這就是保住真性。人用來樹立道德的有三種方法：一是堅貞，二是通達，三是立志。堅貞作為本質，通達作為實行，立志用來行動，這就是君子。必不得已則專一於這個上，使主要的正固。人用來省察自己的有四種方法：使自己的心誠，使自己的志意堅正，使事情現實，使職分確定。內心真誠則神靈感應，何況對萬民呢？志意堅定則天地和順，何況是萬物呢？事情確實則功業成就，職分確定則思緒不過度。說：「才能符合實際，行動就會有所作為，光憑才能是不可能的。」又說：「古代所說的才能是根本，現在所說的才能是枝節。然而用它來行動是可貴的。不願意去才能而才能還是有所損失。」前人說道：「到楚國去卻把馬車往北趕，說：我的馬腳力好，我的費用多，我的駕車人技術高。這三者越是多，離開楚國也就越遠。」沿著向前的路而駕車，順應方向而行動。君子有所行動，行動一定要達到目的。

或問：「聖人所以為貴❶者才乎？」曰：「合而用之❷，以才為貴；分而行之❸，以行為貴。舜、禹之才，而不為邪❹，甚於　矣❺。舜、禹之仁，雖亡❻其才，不失為良人❼哉。」

【章　旨】本章認為聖人之所以可貴在於他的才能和德行，合起來用，才能可貴；分開來用，德行可貴。

【注　釋】❶為貴　成為可貴的。❷合而用之　指才能和德行配合恰當。❸分而行之　指才能和德行分開來說。❹邪　指邪事、惡事。❺甚於　矣　原文缺一字，各本皆殘，無法補。❻亡　無，沒有。❼良人　善良的人。

【語　譯】有人問：「聖人成為可貴的原因在於他的才能嗎？」回答說：「才和德合起來用，以才能為可貴；分開來實行，以德行為可貴。有虞舜、夏禹那樣的才能，卻不做邪惡的事，比　還厲害。有虞舜、夏禹那樣的仁德，即使沒有那樣的才能，也不失是善良的人。」

或問：「進諫❶受諫❷孰難？」曰：「後之進諫難也，以受之難故也❸；若受諫不難，則進諫斯易矣❹。」

【章　旨】這章認為君主的拒諫造成了後來人進諫困難。

【注　釋】❶進諫　指臣子對君主進行諫諍。❷受諫　指君主接受臣子的諫諍。❸後之進諫難也二句　意思是說後世的言官難於進諫，那是由於君主拒諫的緣故。❹若受諫不難二句　意思是說君主英明則臣子正直。

【語　譯】有人問：「臣子對君主進行諫諍和君主接受臣子的諫諍，哪一個更難？」回答說：「後世的言官進行諫諍更難，這是因為君主難於接受的緣故。如果君主接受諫諍不難，那麼臣子進行諫諍也就容易了。」

或問：「知人❶自知❷孰難？」曰：「自知者求諸內❸而近者也，知人者求諸外❹而遠者也，知人難哉。若極❺其數❻也明，有內❼以識，有外❽以暗。或有內以隱，有外以顯❾。然則知人自知，人則可以自知，未可以知人也，急❿哉。用己者⓫不為異⓬則異矣，君子所惡⓭乎異者三：好生事也，好生奇也，好變常⓮也。好生事則多端⓯而動眾，好生奇則離道而惑俗⓰，好變常則輕法而亂度，故名不貴苟⓱傳，行不貴苟難。權⓲為茂⓳矣，其幾⓴不若經㉑；辯㉒為美矣，其理不若絀㉓；文㉔為顯矣，其中㉕不若樸㉖；博㉗為盛矣，其正不若約㉘。莫不為道，知道之體㉙，大之至也；莫不為妙，知神之幾㉚，妙之至也；莫不為正，知　之㉛，正之至也。故君子必存乎三至㉜，弗至，斯有守無誖㉝焉。」

【章　旨】這一章認為知人與自知兩者，知人為難而自知為急。君子自知，應去掉三種奇異的舉動。

【注　釋】❶知人　了解別人。❷自知　自我省察。❸求諸內　指探求自己的內心世界。❹求諸外　指探求自身之外的人物。❺極　盡。❻數　方法。❼有內　指自知。❽有外　指知人。❾有內以隱二句　是指昧於自知而明於知人。❿急　緊要。⓫用己者　自用的人；自以為是的人。⓬為異　做奇異的事。⓭惡　厭惡。⓮變常　改變常態。⓯端　端緒；頭緒。⓰惑俗　迷亂世俗。⓱苟　暫時；暫且。⓲權　權變，指根據具體情況而採取臨時性的措施。⓳茂　多；眾。⓴幾　幾變，指微妙的變化。㉑經　指不會改變的規則。㉒辯　指善辯。㉓絀　不足，指不善辯。㉔文　文章；文飾。㉕中　指內在的質地、本質。㉖樸　素樸。㉗博　廣大。㉘約　簡約。㉙體　指本體。㉚幾　微妙的變化。㉛知　之　原文缺兩字，各本皆同。㉜三至　指上文所說的「大之至」、「妙之至」、「正之至」。㉝誖　通「悖」。違背。

【語　譯】有人問：「了解別人與省察自己哪個難？」回答說：「省察自己是探求自己的內心世界，

因而顯得切近；了解別人是探求自身之外的人物因而顯得遙遠。了解別人很難啊！如果用盡這些方法也就明白了。有些人明於自知而闇於知人，有些人闇於自知而明於知人。然而就了解別人與自我省察來說，人可以自我省察，未必可以了解別人，這是很緊要的。自以為是的人不做奇異的事就已經很奇異了，君子對三種奇異的事情感到厭惡：喜歡沒事找事，喜歡產生奇異的想法，喜歡改變常態。喜歡生事就會製造出許多事情並且驚動眾人，喜歡生出奇異的想法就會背離道義而且淆亂習俗，喜歡改變常態就會輕視法律而且擾亂制度，因此人的名聲暫且得到流傳並不顯得可貴，暫且做了難以做到的事也並不顯得可貴。隨著實際情況而靈活地變化的方法是很多的，這其中微妙變化之處比不上至當不變的規則。善辯是好事，但它的道理比不上不善言辭的充足。文飾是用來使事物顯著的，但它內在的東西比不上素樸的。廣博是很盛大的，它的正中心不如簡約的。沒有不可成為道的，懂得了道的本體，這是大到了極點；沒有不可成為奇妙的，懂得了神奇的微妙變化，這是美妙到了極點；沒有不可成為正當的，懂得　，也就正當到了極點。因此君子一定存在著這「三至」，不能達到的話，就守持正固而不違逆。」

或問守❶。曰：「聖典❷而已矣。若夫百家❸者，是謂無守，莫不為言❹；要❺其至矣，莫不為德❻；玄其奧❼矣；莫不為道❽，聖人其弘❾矣。聖人之道，其中道❿乎？是謂九達⓫。」

【章　旨】這章認為培養操守要學習儒家經典。

【注　釋】❶守　操守。❷聖典　聖人的典籍，指「六經」等儒家的經典之作。❸百家　指諸子百家，包括道家、墨家、法家、陰陽家、名家、農家、縱橫家、雜家等。❹為言　指成一家之言。❺要　重要之處；關鍵。❻為德　指言德。❼玄其奧　指又玄妙又深奧。❽為道　言道；談論道。❾弘　大。❿中道　正道；大道。⓫九達　指往各處都很通達。

【語　譯】有人問怎樣培養操守。回答說：「學習儒家聖賢的經典就是了。至於諸子百家，可說是不能用來培養操守的。不是沒有著書立說，關鍵在於得當；不是沒有說到德，問題在於它們又玄妙又深奧；不是沒有談到道，只有聖人之道才是弘大的。儒家聖人的道，是光明大道，無處不能通達。」

　　或曰：「辭達❶而已矣。聖人以文，其隩❷也，有五：曰玄、曰妙、曰包❸、曰要❹、曰文❺。幽深謂之玄，理微❻謂之妙，數博謂之包，辭約謂之要，章成❼謂之文。聖人之文，成此五者，故曰不得已❽。」

【章　旨】這章認為言辭表達出確切的意思也就可以了，但聖人的文章因為有五種因素決定了它不得不深刻。

【注　釋】❶辭達　言辭通順，指文辭能確切地傳達文章的意思。❷隩　通「奧」。深，深刻。❸包　指內容豐富。❹要　簡要。❺文　指有文采。❻理微　文義微妙。❼章成　文采斐然。❽不得已　指不得不文辭深刻。

【語　譯】有人說：「文辭能確切地表達意思就可以了。聖人的文章，深刻之處有五：一是玄、二是妙、三是包、四是要、五是文。文意幽遠深刻稱為玄，道理微妙稱為妙，內容廣博稱為包，言辭簡約稱為要，文采斐然稱為文。聖人的文章，有這五點，因此不得不說文辭深刻。」

君子樂天知命❶，故不憂；審物明辨❷，故不惑；定心致公❸，故不懼；若乃所憂懼則有之，憂己不能成天性❹也。懼己惑之，憂不能免，天命無惑焉。

【章　旨】這章說君子不憂、不惑、不懼。

【注　釋】❶樂天知命　樂從天道的安排，知守性命的分限。《易經．繫辭上》說：「樂天知命，故不憂。」❷審物明辨　審察事物，明辨是非。❸定心致公　安定心意，努力為公。❹天性　本性。

【語　譯】君子樂從天道的安排，知守性命的分限，因此不憂愁；審察事物，明辨是非，因此不迷惑；安定心意，努力為公，因此不害怕。至於憂愁與害怕是有的，憂愁自己不能成就本性，害怕自己感到迷惑。憂愁不能免除，至於對天命，則不會迷惑。

或問性命❶。曰：「生之謂性❷也，形神❸是也，所以立生❹。終生❺者之謂命也，吉凶是也。夫生我之制❻，性命存焉爾。君子循❼其性，以輔❽其命。休❾斯承❿，否⓫斯守。無務⓬焉，無怨⓭焉。好寵者⓮乘天命⓯以驕⓰，好惡者⓱違天命⓲以濫⓳。故驕則奉⓴之不成，濫則守之不終。好以取怠㉑，惡以取甚㉒。務以取福，惡以成禍㉓，斯惑矣。」

【章旨】這章回答什麼是性和命，以及同樣有性命，有人為何能獲得吉祥，有人則沒有。

【注釋】❶性命　性指人所自然形成的一種資質，如剛柔、遲速等，即本性。命是人所稟受的命運，如貴賤、夭壽等之類。❷生之謂性　見《孟子・告子上》。❸形神　形體和精神。❹立生　使生命得以存在。❺終生　終於生，與一生相始終。❻制　體式，這裡指身形。❼循　順應。❽輔　輔助。❾休　美；善。❿承　承受。⓫否　否隔；不通。⓬務　努力追求，指追求富貴。⓭怨　埋怨，指埋怨貧賤。⓮好寵者　喜歡受寵的人。⓯乘天命　指依仗富貴之命。⓰驕　驕傲。⓱好惡者　喜愛做惡事的人。⓲違天命　指違背貧賤之命。⓳濫　指亂作事。⓴奉　承，承受。㉑怠　懈怠。㉒甚　過分。㉓惡以成禍　埋怨就不守正道，不守正道就造成禍患。惡，當作「怨」。

【語譯】有人問什麼是性和命。回答說：「天生的稱為性，像形體和精神就是，這是讓生命得以存在的。貫穿於一生的稱為命運，像吉凶就是。生下我的身形，性和命就存在於其中了。君子順應他的本性，用來輔助命運。遇到美好的就承受下來，不好的就堅守本性。不刻意去追求富貴，也不抱怨貧賤。喜愛受寵的人順應天命而驕橫，喜愛做惡的人違背天命而亂做事。因此驕傲則承受不住，亂做事則不能保全始終。喜愛而招致懈怠，厭惡而招致過分。努力追求而取得富貴，埋怨貧賤而造成禍害，這就令人疑惑啊！」

或問天命❶人事❷。曰：「有三品❸焉。上下不移❹，其中則人事存焉爾。命❺相近也，事❻相遠也，則吉凶殊矣。故曰：「窮理盡性，以至於命❼。」孟子稱性善❽，荀卿稱性惡❾。公孫子曰：「性無善無惡❿。」揚雄⓫曰：「人之性，善惡渾⓬。」劉向⓭曰：「性情相應⓮，性不獨善，情不獨惡。」曰：「問其理。」曰：「性善則無四凶⓯，性惡則無三仁⓰。人無善惡，文王⓱之教⓲一⓳也，則無周公、管、蔡⓴。性善情惡㉑，是桀紂無性，而堯舜無情也。性善惡皆渾，是上智懷惠㉒而下愚挾善㉓也，理也，未究㉔矣。唯向言㉕為然。」

【章　旨】這章說無論是天命還是人事都有三品。接著討論性善、性惡問題，性與情的關係問題。

【注　釋】❶天命　這裡指天生的命。❷人事　指後天經過努力而產生的各種際遇。❸三品　三個品級。❹上下不移　上品和下品是不能改變的。❺命　指命運。❻事　指所做的事。❼窮理盡性二句　《易經・說卦》：「窮理盡性，以至於命。」窮理，窮究事物的道理。盡性，窮盡事物的本性。❽孟子稱性善　《孟子・告子上》稱：「人性之善也，猶水之就下也，人無有不善，水無有不下」；「仁、義、禮、智，非由外鑠我也，我固有之也。」❾荀子稱性惡　《荀子・性惡》稱：「人之性惡，其善者偽也。」認為人的天性都有「好利」、「疾惡」、「好聲色」等情欲。❿公孫子曰性無善無惡　可能是指戰國時的公孫龍。但今本《公孫龍子》係後人輯本，裡面沒有討論性善性惡的問題。戰國時告子倒是主張性無善惡，他說：「人性之無分於善不善也，猶水之無分於東西也。」見《孟子・告子上》。⓫揚雄　西漢時著名辭賦家、學者。⓬人之性二句　見《法言・修身》：「人之性也，善惡混。修其善則為善人，修其惡則為惡人。氣也者，所適善惡之馬歟？」渾，同「混」。混淆。⓭劉向　西漢時經學家、學者。⓮性情相應　本性和情感互相依存，指性善情也善，情惡性也惡。⓯四凶　傳說中被舜流放的四個凶人，據《左傳・文公十八年》是指渾敦、窮奇、檮杌、饕餮。這裡是指四凶那樣的人。⓰三仁　指殷朝的微子、箕子、比干。微子是紂王的庶兄，因幾次諫紂王不被聽取而離開國家。箕子是紂王的諸父，官太師，因勸諫而被紂王囚禁。比干是紂王的叔父，官少師，因屢次勸諫而被紂王剖心而死。《論語・微子》載孔子說：「殷有三仁焉。」⓱文王　周文王，商末周族首領，為周武王的父親。在位五十年，國勢強盛，為武王滅殷與周奠定了基礎。⓲教　教導，教育。⓳一　相同；同一。⓴周公管蔡　都是周文王之子，周武王之弟。周公名旦，采邑在周，稱為周公。武王死後，成王年幼，由他攝政。在執政期間，制禮作樂，建立典章制度。管、蔡指管叔、蔡叔。管叔封於管，蔡叔封於蔡。武王去世後，成王年幼，周公旦攝政，管叔、蔡叔等不服，揚言周公旦將不利於成王，聯合殷紂王之子武庚和東夷部落等發動叛亂，周公帶兵東征三年，平定了它，管叔自殺而蔡叔被流放。㉑性善情惡　指性與情不相依存。㉒上智懷惠　當作「上智懷惡」。智慧最高的人性情中也包含有罪惡。㉓下愚挾善　最愚蠢的人性情中也包含有良善。㉔究　探究；搞清楚。㉕向言　指劉向的說法。

【語譯】 有人問先天所有的命運和後天個人努力而改變的際遇。回答他說：「也有上、中、下三個等級。上品和下品是不能改變的，中品則有個人的努力包含其中。先天的命運相近而後天的努力大不相同，那麼吉凶是相差很大的。孟子說人的本性是善的，荀子說人的本性是惡的，公孫龍子說人的本性沒有善惡之分，揚雄說人的本性，善與惡是混雜在一起的。劉向則說：「本性和情感是相依存的，本性善則情感也善，情感惡則本性也惡。」那人說：「請問其中的道理。」回答說：「本性是善的話，就不會產生舜時渾敦、窮奇、檮杌、饕餮那樣的『四凶』；本性是惡的話，就不會產生殷紂王時微子、箕子、比干這樣的『三仁』。人的本性沒有善惡之分的話，文王的教導是同一的，就不會產生周公和管叔、蔡叔這樣善惡不同的人。如果說本性是善的而情感是惡的話，則夏桀和殷紂就沒有本性而唐堯和虞舜沒有情感。本性的善和惡是混雜在一起的話，則最有見識的人的本性中包含著惡，而最愚蠢的人的本性中包含著善了。事物的道理也就沒法探究清楚了。因此，只有劉向的說法才是對的。」

或曰：「仁義❶，性也；好惡❷，情也。仁義常善❸，而好惡或有惡，故有情惡也。」曰：「不然。好惡者，性之取舍❹也，實見❺以外，故謂之情爾，必本乎性❻矣；仁義者，善之誠者❼也，何嫌❽其常善？好惡者，善惡未有所分❾也，何怪其有惡？凡言神❿者，莫近於氣，有氣斯有形，有神斯有好惡喜怒之情矣。故人有情⓫，由⓬氣之有形也。氣有白黑，神有善惡，形與白黑偕，情與善惡偕⓭。故氣黑非形之咎⓮，情惡⓯非情之罪也。」

【章　旨】這一章認為好惡這些情感是由本性決定的。本性和情感的關係就好像精神與肉體的關係。

【注　釋】❶仁義　古代哲學中經常討論的道德觀念。仁的核心是指人與人之間的相互親愛，義是指思想行為合乎一定的標準。仁義合用常常與事親聯繫在一起，如《孟子・離婁上》說：「仁之實，事親是也；義之實，從兄是也。」❷好惡　喜愛或憎惡。❸仁義常善　指仁義總是表現為善的。常，經常，這裡是永久之義。❹性之取舍　從本性出發，喜愛某事物則接近它、取得它，憎惡某事物，則避開它、拋棄它。❺見　現，顯現。❻本乎性　從本性出發，取決於本性。❼善之誠者　確實是善的。❽嫌　嫌棄。❾未有所分　還沒有相分離。❿神　指精神。⓫人有情　當作「神有情」。⓬由　猶，猶如。⓭形與白黑偕二句　意思是說形體是白是黑，隨氣而有；情感是善是惡，隨著精神而分明。偕，相隨。⓮咎　過錯；罪責。⓯情惡　當作「神惡」。

【語　譯】有人說：「仁和義是人的本性，喜愛和憎惡是人的情感。仁和義總是善的，而喜愛和憎惡有時是惡的，因此才有情感惡的說法，對嗎？」回答說：「不對。喜愛或憎惡是情感的取捨，內在的實情顯現在外面，因此稱它為情感，一定是由本性決定的。仁和義，確實是善的，怎會嫌棄它總是善的呢？喜愛和憎惡，是善和惡還沒有區分開來的，怎會奇怪它有惡呢？大凡說到精神的，沒有不與氣的情形相似的。有氣才會有人的形體，有精神才會有愛好和憎惡、喜悅和憤怒那樣的感情。因此精神有情感，猶如氣有形體。氣有白有黑，精神有善有惡，形體與白和黑相隨同，情感與善和惡相隨同。因此氣黑並不是形體的過錯，精神的惡也不是情感的罪責。」

或曰：「人之於利❶，見而好之。能以仁義為節❷者，是性割❸其情也。性少情多，性不能割其情，則情獨行❹為惡矣。」曰：「不然，是善惡有多少也，非情也。有人於此嗜❺酒嗜肉，肉勝❻則食焉，酒勝則飲焉。此二者相與❼爭，勝者行❽矣；非情欲得酒，性欲得肉也。有人於此好利好義，義勝則義取❾焉，利勝則利取焉。此二者相與爭，勝者行❿矣。非情欲得利，性欲得義也。其可兼⓫者，則兼取⓬之；其不可兼者，則隻⓭取重⓮焉。若苟隻好而已，難可兼取⓯矣。若二好⓰均平⓱，無分輕重，則一俯一仰，乍⓲進乍退。」

【章　旨】這章認為人的本性有善和惡兩部分，兩者處於不均衡狀態。好利好義也與本性有關。善多則好義，惡多則好利。

【注　釋】❶利　利益，指個人私利。❷節　節制。❸割　割除；捨棄。❹獨行　獨自行動；單獨行動。❺嗜　喜歡。❻肉勝　指喜歡食肉甚於喜歡飲酒。❼相與　互相。❽行　行動，指或食或飲。❾義取　取用義。❿行　指取義或取利。⓫兼　指酒與肉、義與利兩者。⓬兼取　兩者都得到。⓭隻　單方面；兩者之一。⓮重　指獲勝者。⓯難可兼取　難於兩者全部取得。⓰二好　指嗜酒或嗜肉、好利或好義。⓱均平　勢均力敵。⓲乍　或。

【語譯】有人說：「人對個人私利，看見了就會喜歡。能夠用仁和義來節制的，是本性割捨了情感。本性的成分少而情感的成分多的話，本性就不能割捨情感，那麼情感就會獨自行動而作惡事了。」我說：「不是這麼回事。這是善或惡有多有少的緣故，並不是情感因素造成的。就像世間的人喜歡酒或喜歡肉，喜歡吃肉超過喜歡飲酒的話就吃肉，喜歡飲酒超過了喜歡吃肉的話就飲酒。這兩者互相爭鬥，得勝者就行動了，並不是情感想得到酒，本性想得到肉。世間的人喜歡利或喜歡義，義戰勝了利就取義，利戰勝了義就取利。這兩者互相爭鬥，得勝者就行動。並不是情感想得到利，本性想得到義。如果兩者可以全部得到的話，就兩者全部取得；如果不能夠全部得到的話，就單取勢力大的。如果對義、利二者只有單方面愛好的，很難能夠兩者一起得到；如果對義、利二種愛好勢均力敵，不分輕重的話，那麼就會或俯或仰，有時進有時退。」

或曰：「請折❶於經❷。」曰：「《易》稱：『乾道變化，各正性命❸。』是言萬物各有性也。觀其所感❹，而天地萬物之情❺可見矣。是言情者，應感而動❻者也。昆蟲草木，皆有性焉，不盡善❼也；天地聖人，皆稱情焉，不主惡❽也。」又曰：「『爻象以情言』❾，亦如之。凡情意心志者，皆性動❿之別名⓫也。情見乎辭⓬，是稱情也；言不盡意⓭，是稱意也；中心好之⓮，是稱心也。制⓯其志，是稱志也。惟所宜⓰，各稱其名而已，情何主惡之有？故曰：『必也正名⑰。』

【章　旨】這一章引證儒家經典中有關性與情的論述，認為萬事萬物皆有本性和情感。而情感就是本性感應而動。

【注　釋】❶折　判斷；引證。❷經　經典，指儒家經典。❸乾道變化二句　見《易經・乾卦・彖》：「乾道變化，各正性命，保合太和，乃利貞。」乾道，天道，指自然變化的規律。乾，乾卦，《易經》六十四卦中的第一卦，象徵天。正，定。❹感　感應。❺天地萬物之情　古人認為天地、萬物都有情感。❻情者應感而動　這是說情感是受到本性的感應而動的。《易經・咸卦・彖》：「天地感而萬物化生，聖人感人心而天下和平，觀其所感而天地萬物之情可見矣。」❼昆蟲草木三句　這幾句話申述情感中不只有善的說法。昆蟲，眾蟲，蟲類的統稱。昆，眾。❽天地聖人三句　這幾句重申情感中不只有惡的說法。主惡，主以惡，由惡作主。❾爻象以情言　見《易經・繫辭下》：「八卦以象告，爻象以情言。」爻是構成《易》卦的基本符號，分陽爻「⚊」、陰爻「⚋」兩種。每三爻合成一卦，可得八卦。《易經》中的六十四卦是復卦，由兩卦六爻相重而組成。卦的變化取決於爻的變化，因此爻表示交錯和變動的意思。象即象傳、象辭，是《易傳》中總論各卦基本觀念的話。❿性動　本性行動。⓫別名　異稱。⓬情見乎辭　《易經・繫辭下》說：「聖人之情見乎辭。」見，同「現」。顯現出來。辭，言辭；文辭。⓭盡意　完全表達心意。《易經・繫辭上》說：「書不盡言，言不盡意。」⓮中心　心中。《詩經・小雅・彤弓》：「我有嘉賓，中心好之。」⓯制　制服；控制。⓰宜　適宜。⓱正名　指辨正名稱，使名稱與事物相對應。《論語・子路》說：「子曰：『必也正名乎！』」

【語　譯】有人說：「請您根據儒家經典來對性和情的關係作出判斷。」回答說：「《易經》上所說的『天道的變化，確定了各種事物的性和命』，這是說萬事萬物各有自己的本性。觀察它們的感應，則天地萬物的情感就可以看出來了。這是說情感是感應本性而行動的。昆蟲和草木也都有本性，而本性不全是善的；天地和聖人，都合於情感，情感不是由惡作主的。」接著又說：「六爻、彖傳是根據事物的具體情況而陳述卦義的，也是如此。大凡情意和心志，都是本性行動的異稱。情感從人的言辭中顯示出來，這就合於情感；言辭不能完全地表達意義，這就合於意義；心中喜歡某事，這就合於心，而能控制自己的意志，這就合於意志。只是所合適的，各合於其名稱而已，情感怎麼可能由惡決定呢？因此說『一定要使事物的名稱與實際事物相符合』。」

或曰：「善惡皆性也，則法教❶何施❷？」曰：「性雖善，待教而成❸；性雖惡，待法而消❹。唯上智下愚不移❺，其次善惡交爭。於是教扶❻其善，法抑❼其惡。得施之九品❽，從教者半，畏刑者四分之三。其不移，大數❾九分之一也。一分之中，又有微移❿者矣。然則法教之於化民⓫也，幾盡之矣。及法教之失也，其為亂⓬亦如之。」

【章　旨】 這章是說本性雖然有善有惡，但還是有待於用法制和教化的手段來加以引導或改變。

【注　釋】 ❶法教　法指法制、刑法。教指教化、教育。❷施　施行；實施。❸待教而成　需要教化之後才能成全。❹消　消除；消解。❺不移　不可改變。《論語‧陽貨》說：「唯上智與下愚不移。」❻扶　扶持；扶植。❼抑　抑制。❽九品　這裡是指人的本性可分為九個等級。九品是從三品中分出來的。上、中、下三品之中又各細分為上、中、下三品，則為九品，如上品可細分為上上、上中、上下三品。❾大數　大概。❿微移稍稍有所改變的。⓫化民　感化老百姓。⓬為亂　作亂；做壞事。

【語　譯】有人問：「善與惡都是人的本性，那麼法制和教化又如何實施呢？」回答說：「本性即使是善的，也有待於教化才能成全；本性即使是惡的，也有待於刑法而消除。只有最聰明的和最愚蠢的才不可能改變。其次善與惡互相爭鬥，於是需要教化來扶持善的，用法制來抑制惡的。得以施行於九品，隨教化而成全善的有一半，害怕刑法而消解惡的有四分之三，不能改變的，大概是九分之一。而這一分之中，又稍稍有些改變的。如此一來，法制和教化用來感化百姓，差不多已經完全了。一旦法制和教化有過失，那麼做壞事的情況也是這樣。」

或曰：「法教得則治，法教失則亂，若無得無失，縱❶民之情，則治亂其中❷乎？」曰：「凡陽性升❸，陰性降，升難而降易。善，陽也；惡，陰也。故善難而惡易。縱民之情，使自由❹之，則降於下者多矣。」曰：「中焉在？」曰：「法教不純❺，有得有失，則治亂其中矣。純德無慝❻，其上善❼也；伏而不動，其次也；動而不行，行而不遠，遠而能復❽，又其次也。其下者，遠而不近也。凡此皆人性也。制之者，皆心也。動而抑之，行而止之，與上❾同性也；行而弗止，遠而弗近，與下❿同終⓫也。」

【章　旨】這一章認為善是陽性的而惡是陰性的。從善很難而從惡很容易，就像陽性上升較難而陰性下降較易一樣。

【注　釋】❶縱　放縱；放任。❷其中　指各占一半、相當。❸陽性升　陽性的東西是向上升的。❹由　去就。❺純　純粹；純正。❻慝　邪惡。❼上善　至善；最高的善。❽復　回復；循環。❾上　指上升。❿下　指下降。⓫終　結束；完結。

【語　譯】有人問：「法制和教化得當就能治理得好，法制和教化不得當就會造成混亂。如果既不得也不失，放任老百姓的情感，那麼治和亂各占一半嗎？」回答說：「大凡陽性的事物就上升，陰性的事物就下降，上升難而下降易。善是陽性的，惡是陰性的，因此為善難而為惡易。放縱百姓的情感，使它們自由地去就，那麼往下降的就更多。」又問：「各占一半的又在哪裡呢？」回答說：「法制和教化不純正，就會有得有失，那麼或治或亂各占一半。純正是德行沒有邪惡，這是至善；隱伏而不動，是次等的；有所動而不移開，移動而不遠離，遠離而能回復，是再次等的。最下等的是遠離之後不再接近。大凡這些都是人的本性。控制它的是人心，有所動念便抑制它，有所行動就制止它，這與上等的善是同樣的性質。行動了而不制止，遠離了就不接近，這是與下等的惡同樣的後果。」

君子嘉仁❶而不責惠❷，尊禮而不責意，貴德而不責怨。其責也先己❸，而行也先人。淫惠❹、曲意❺、私怨，此三者實枉❻貞道❼，亂大德。然成敗得失，莫匪❽由❾之。救病不給❿，其竟奚暇⓫於道德哉，此之謂末俗⓬。

故君子有常交⑬曰義也，有常誓⑭曰信也。交而後親，誓而後⑮故狹⑯矣。太上⑰不異古今，其次不異海內。同天下之志者，其盛德⑱乎？大人之志，不可見也，浩然⑲而同於道；眾人之志，不可掩⑳也，察然㉑而流於俗㉒。同與道，故不與俗浮沉㉓。

【章　旨】這一章說君子嚴於律己，行動先於人，他們合於道，不與世俗之人等同。

【注　釋】❶嘉仁　施予仁德。❷責惠　要求恩惠。❸先己　指先責備自己。❹淫惠　過度地施惠。❺曲意　委曲心意。❻枉　彎曲。❼貞道　正道。❽莫匪　莫非；沒有不。❾由　經由；經過。❿不給　不及；不敏捷。⓫奚暇　何暇，哪有空閒。⓬末俗　下流，不良的風習。⓭常交　恆交，永久的交誼。⓮常誓　恆誓，永久的誓言。⓯誓而後　後字之下當脫一字，可能是「信」字。⓰狹　狹隘。⓱太上　最上等的。⓲盛德　大德。⓳浩然　盛大的樣子。⓴掩　掩沒。㉑察然　明顯的樣子。㉒流於俗　和世俗等同。㉓浮沉　升降；相始終。

【語　譯】君子施予仁德而不要求恩惠，尊重禮儀而不苛求是否合義，以道德為貴而不求取私怨。有所責讓的話也是先責讓自己，而行動又往往在別人之前。過度的恩惠，委曲自己的意願，個人私怨，這三種確實是歪曲正道，破壞大德的事。然而成敗、得失，沒有不是經過這裡的。救治弊病還來不及，哪裡還有閒暇來修養道德呢？這稱之為不良的習俗。因此君子有永久的交誼稱為義，有永久的誓言稱為信。交往之後才會親近，誓約之後才會守信，因此是很狹隘的。最上等的不和古今相異，其次是不與國內的相異。和天下人的志意相同的，就是盛德吧？大人物的志向，不能夠見到，非常盛大並且與道等同；一般人的志向，不能被掩蓋，非常明顯地和世俗相融合。君子與道等同，因此不與世俗相始終。

或曰：「修行❶者，不為人❷，恥諸神明❸，其至❹也乎？」曰：「未也，自恥❺者，本❻也；恥諸神明，其次也；恥諸人，外❼矣。夫唯外，則慝❽積於內❾矣，故君子審❿乎自恥。」

【章旨】這章是說君子要審察自己，要有自恥之心。

【注釋】❶修行　指修身、修德。❷為人　因為他人。❸恥諸神明　因為神靈而感到恥辱。神明，神靈。❹至　到極點。❺自恥　自以為恥，指有羞恥之心、自知之明。❻本　根本。❼外　外在的；不了解自己。❽慝　邪念。❾內　指心中。❿審　審察。

【語譯】有人說：「修養德性，不是因為別人而是對照神靈而感到恥辱，這樣就是達到最高境界了吧？」回答說：「還沒有。有羞恥之心是最根本的；對照神靈而感到羞恥，是其次的；對照別人而感到恥辱，那就差得遠了。只停留在表面，那麼邪念就會積聚在心中。因此君子審察自己，並且有自恥之心。」

或曰：「恥者，其志者乎？」曰：「未也。夫志者，自然由人❶，何恥之有？赴❷谷❸必墜❹，失水必溺❺，人見之也；赴穽❻必陷，失道❼必沈❽，人不見之也。不察之，故君子慎乎所不察❾。不聞大論❿，則志不弘⓫；不聽至言⓬，則心不固⓭。思唐虞⓮於上世⓯，瞻仲尼⓰於中古⓱，而知夫小道⓲者之足羞⓳也。想伯夷於首陽⓴，省四皓㉑於商山，而知夫穢志者之足恥也。存張騫於西極㉒，念蘇武於朔垂㉓，而知懷閭室㉔者之足鄙㉕也。推㉖斯類也，無所不至矣。德比於上㉗，欲比於下㉘。德比於上，故知恥；欲比於下，故知足。恥而知之，則聖賢其可幾㉙；知足而已，則固陋㉚其可安也。聖賢斯幾，況其為慝㉛乎；固陋斯安，況其為侈㉜乎？是謂有檢㉝，純乎純哉㉞，其上也，其次得概㉟而已矣。莫匪概也，得其概，苟無邪㊱，斯可矣。君子四省其身，怒不亂得，喜不　義也㊲。」

【章　旨】這一章講君子如何省察自己，怎樣向前賢學習，弘大自己的志向，堅定自己的信念。

【注　釋】❶自然由人　是出於人的本性，從本性中自然而然地產生的。❷赴　往；到。❸谷　山谷；深谷。

❹墜　落下。❺溺　溺水；沈入水中。❻穽　陷穽，為防禦或捕捉野獸而設置的陷坑。❼失道　迷路，這裡指迷失方向。❽沈　沈沒；沈淪。❾不察　指看不到的事物。❿大論　弘論；大道理。⓫弘　大；遠大。⓬至言　至理名言，極有價值的話。⓭固　堅固；堅定。⓮唐虞　指堯舜。⓯上世　太古時代；非常遙遠之世。對東漢末年三國時期來說，堯舜之世已非常久遠了。⓰仲尼　指孔丘。⓱中古　對漢末三國時期來說，春秋時代並不算太久遠，故稱「中古」。⓲小道　卑小的道理，指不是大道理。⓳羞　羞恥。⓴伯夷於首陽　伯夷，殷商末期孤竹君的兒子，父親遺命由弟弟叔齊繼位，但叔齊讓位於伯夷，伯夷不受，叔齊也不願登位，兩人先後都逃到了周國。後來周武王伐紂，兩人叩馬諫阻。武王滅殷後，他們恥食周粟，逃到了首陽山，采薇而食，餓死在那裡。見《史記・伯夷列傳》。首陽，山名，在今山西永濟縣。㉑四皓　後人用伯夷、四皓等作為隱士的代稱。㉒張騫於西極　張騫，漢代漢中成固人，漢武帝時奉命出使西域。第一次在建元二年，出使大月氏，越過葱嶺，親歷大宛、康居、大月氏、大夏等地。元朔三年才返回漢朝，共在外十三年，途中被匈奴所扣留達十一年之久。元狩四年又出使烏孫，並派副使出使大宛等地，到達安息。張騫之出使，溝通了漢和西域各國的聯繫和交流。見《漢書・張騫傳》。西極　西邊極遠之地，指西域。㉓蘇武於朔垂　蘇武，漢武帝時出使匈奴，被扣留，並被遷到北海牧羊，長達十九年之久，後來才返回。朔垂，北方極遠之地，指北海。朔，寒，指北方。垂，通「陲」。邊。㉔閭室　家鄉和居室。閭，原指里巷的大門，後代指里巷、家鄉。㉕鄙　小；短淺。㉖推　推而及之，根據某種事實而作出推斷。㉗比於上　指向高尚的、聖賢的人看齊。㉘比於下　指向卑下的人看齊。㉙幾　接近。㉚固陋　頑固而卑陋，低賤。㉛慝　邪念。㉜侈　過分；多；大。㉝檢　檢點；省察。㉞純乎純哉　純而又純。㉟概　平，比喻平凡、平庸。㊱無邪　沒有邪念。㊲喜不　義也　這中間當有缺文。如果是「四省」，則這中間缺九個字或十個字。如果「四」字是「曰」之誤，則中間缺兩字或一字，各本皆殘，無法補。

【語　譯】有人說：「羞恥是人的心志嗎？」回答說：「不是。心志，是出於人的本性的，有什麼恥辱呢？往深谷邊走必然會掉下去，落進水裡一定會沈沒，這是人能夠看到的；到陷穽上去就一定會墜入其中，迷失了道路就會沈淪，這是人所看不到的。這是人所不能覺察到的，因此君子謹慎他所不能覺察到的事情。不聽大道理，心志就不弘大；不聽至理名言，心就不堅定。思念上古時的堯舜，仰望中古時的孔子，就會懂得卑小的道理足以讓人羞愧；想念首陽山上的伯夷，省察商山中的四位老者，就會懂得污穢的志向足以讓人恥辱。存有張騫赴西域那樣的志向，懷著蘇武持節於北海牧羊那樣的操守，就會懂得依戀家室是足以讓人感到鄙小的。把這幾類推廣開來，沒有地方不能到達。道德向高尚者看齊，欲望向卑下者看齊。道德向高尚者看齊，因此懂得恥辱，欲望向卑下者看齊，因此懂得滿足。懂得羞恥，那麼也就接近聖賢之人了；懂得滿足，那麼也就可以安於卑賤。接近了聖賢之人，何況是做邪惡的事呢？安於卑賤，何況是放縱呢？這就叫做有所檢點。純而又純，這是最上等的，其次平庸而已，世人沒有不是平庸的，能達到平庸，如果不會有邪念，這就可以了。君子要省察自身，憤怒之時不亂做事，喜悅之時　　這就是義了。」

古籍今注新譯叢書書目

中國人的第一次——
絕無僅有的知識豐收、視覺享受
集兩岸學者智慧菁華
推陳出新　字字珠璣　案頭最佳讀物

【哲學類】

書名	注譯	校閱
新譯尹文子	徐忠良	黃俊郎
新譯淮南子	熊禮匯	侯迺慧
新譯潛夫論	彭丙成	陳滿銘
新譯鄧析子	徐忠良	
新譯韓非子	賴炎元、傅武光	
新譯尸子讀本	水渭松	

書名	注譯	校閱
新譯四書讀本	謝冰瑩 邱燮友 李　鍌 劉正浩 賴炎元 陳滿銘	
新譯申鑒讀本	林家驪 周明初	周鳳五
新譯老子讀本	余培林	
新譯列子讀本	莊萬壽	
新譯孝經讀本	賴炎元 黃俊郎	
新譯易經讀本	郭建勳	黃俊郎
新譯荀子讀本	王忠林	
新譯莊子讀本	黃錦鋐	
新譯新書讀本	饒東原	黃沛榮

書名	注譯	校閱
新譯新語讀本	王　毅	黃俊郎
新譯管子讀本	湯孝純	李振興
新譯墨子讀本	李生龍	李振興
新譯論衡讀本	蔡鎮楚	周鳳五
新譯禮記讀本	姜義華	黃俊郎
新譯孔子家語	羊春秋	周鳳五
新譯公孫龍子	丁成泉	黃志民
新譯老子解義	吳　怡	
新譯呂氏春秋	朱永嘉 蕭　木	黃志民
新譯晏子春秋	陶梅生	
新譯明夷待訪錄	李廣柏	李振興

【文學類】

書名	注譯	校閱
新譯千家詩	邱燮友	
	劉正浩	
新譯搜神記	黃　鈞	陳滿銘
新譯薑齋集	平慧善	
新譯昭明文選	崔富章	劉正浩
	朱宏達	陳滿銘
	周啟成	沈秋雄
	張金泉	黃俊郎
	水渭松	黃志民
	伍方南	周鳳五
		高桂惠
新譯漢賦讀本	簡宗梧	
新譯楚辭讀本	傅錫壬	
新譯人間詞話	馬自毅	高桂惠
新譯文心雕龍	羅立乾	李振興

書名	注譯	校閱
新譯世說新語	邱燮友	
	劉正浩	
	陳滿銘	
	許錟輝	
	黃俊郎	
新譯古文觀止	謝冰瑩	
	邱燮友	
	林明波	
	左松超	
	應裕康	
	黃俊郎	
	傅武光	
新譯江文通集	羅立乾	
新譯阮步兵集	林家驪	
新譯春秋繁露	姜昆武	
新譯曹子建集	曹海東	
新譯陸士衡集	王雲路	

書名	注譯	校閱
新譯陶淵明集	溫洪隆	
新譯陶庵夢憶	李廣柏	
新譯揚子雲集	葉幼明	
新譯嵇中散集	崔富章	
新譯賈長沙集	林家驪	陳滿銘
新譯橫渠文存	張金泉	
新譯顧亭林集	劉九洲	
新譯元曲三百首	賴橋本 林玫儀	
新譯宋詞三百首	汪　中	
新譯唐詩三百首	邱燮友	
新譯諸葛丞相集	盧烈紅	
新譯駱賓王文集	黃清泉	
新譯昌黎先生文集	周啟成 周維德	
新譯范文正公文集	王興華 沈松勤	

歷史類

書名	注譯	校閱
新譯列女傳	黃清泉	陳滿銘
新譯越絕書	劉建國	
新譯燕丹子	曹海東	李振興
新譯戰國策	溫洪隆	陳滿銘
新譯尚書讀本	吳　璵	
新譯國語讀本	易中天	侯迺慧
新譯新序讀本	葉幼明	黃沛榮
新譯說苑讀本	左松超	
新譯說苑讀本	羅少卿	周鳳五
新譯西京雜記	曹海東	李振興
新譯吳越春秋	黃仁生	李振興
新譯東萊博議	李振興 簡宗梧	

【軍事類】

書名	注譯	校閱
新譯司馬法	王雲路	
新譯尉繚子	張金泉	
新譯三略讀本	傅　傑	
新譯六韜讀本	鄔錫非	
新譯吳子讀本	王雲路	
新譯孫子讀本	吳仁傑	
新譯李衛公問對	鄔錫非	

【政事類】

書名	注譯	校閱
新譯商君書	貝遠辰	陳滿銘
新譯鹽鐵論	盧烈紅	黃志民
新譯貞觀政要	許道勳	陳滿銘

【地志類】

書名	注譯	校閱
新譯洛陽伽藍記	劉九洲	侯迺慧

【道教類】

書名	注釋	校閱
新譯列仙傳	姜　生	
新譯抱朴子	李中華	黃志民
新譯老子想爾注	顧寶田	
新譯周易參同契	劉國樑	
新譯黃帝陰符經	劉連朋	
新譯道門功課經	王　卡	
新譯養性延命錄	曾召南	
新譯沖虛至德真經	張松輝	

【教育類】

書名	注釋	校閱
新譯三字經	黃沛榮	
新譯幼學瓊林	馬自毅	陳滿銘
新譯顏氏家訓	李振興 黃沛榮 賴明德	

◇新譯孝經讀本／賴炎元 黃俊郎注譯
◇新譯呂氏春秋／朱永嘉 蕭　木注譯／黃志民校閱
◇新譯李衛公問對／鄔錫非注譯
◇新譯尚書讀本／吳　璵注譯
◇新譯抱朴子／李中華注譯／黃志民校閱
◇新譯易經讀本／郭建勳注譯／黃俊郎校閱
◇新譯明夷待訪錄／李廣柏注譯／李振興校閱
◇新譯東萊博議／李振興 簡宗梧注譯
◇新譯昌黎先生文集／周啓成 周維德注譯
◇新譯范文正公文集／王興華　沈松勤注譯
◇新譯昭明文選／崔富章　朱宏達　周啓成　張金泉　水渭松　伍方南注譯／陳滿銘　沈秋雄　黃俊郎　黃志民　周鳳五　高桂惠校閱
◇新譯春秋繁露／姜昆武注譯
◇新譯貞觀政要／許道勳注譯／陳滿銘校閱
◇新譯洛陽伽藍記／劉九洲注譯／侯迺慧校閱
◇新譯晏子春秋／陶梅生注譯
◇新譯唐詩三百首／邱燮友注譯
◇新譯孫子讀本／吳仁傑注譯
◇新譯商君書／貝遠辰注譯
◇新譯尉繚子／張金泉注譯
◇新譯曹子建集／曹海東注譯
◇新譯陸士衡集／王雲路注譯
◇新譯陶淵明集／温洪隆注譯
◇新譯淮南子／熊禮滙注譯／侯迺慧校閱
◇新譯國語讀本／易中天注譯／侯迺慧校閱
◇新譯荀子讀本／王忠林注譯
◇新譯越絕書／劉建國注譯
◇新譯揚子雲集／葉幼明注譯
◇新譯嵇中散集／崔富章注譯
◇新譯賈長沙集／林家驪注譯
◇新譯搜神記／黃　鈞注譯／陳滿銘校閱
◇新譯莊子讀本／黃錦鋐注譯
◇新譯楚辭讀本／傅錫壬注譯
◇新譯新語讀本／王　毅注譯／黃俊郎校閱
◇新譯新序讀本／葉幼明注譯／黃沛榮校閱
◇新譯新書讀本／饒東原注譯
◇新譯説苑讀本／羅少卿注譯／周鳳五校閱
◇新譯説苑讀本／左松超注譯
◇新譯管子讀本／湯孝純注譯／李振興校閱
◇新譯墨子讀本／李生龍注譯／李振興校閱
◇新譯橫渠文存／張金泉注譯
◇新譯漢賦讀本／簡宗梧注譯
◇新譯鄧析子／徐忠良注譯
◇新譯諸葛丞相集／盧烈紅注譯
◇新譯論衡讀本／蔡鎮楚注譯／周鳳五校閱
◇新譯潛夫論／彭丙成注譯
◇新譯燕丹子／曹海東注譯／李振興校閱
◇新譯駱賓王文集／黃清泉注譯
◇新譯戰國策／温洪隆注譯／陳滿銘校閱
◇新譯韓非子／賴炎元　傅武光注譯
◇新譯禮記讀本／姜義華注譯
◇新譯薑齋集／平慧善注譯
◇新譯顧亭林集／劉九洲注譯
◇新譯鹽鐵論／盧烈紅注譯／黃志民校閱
◇新譯顏氏家訓／李振興 黃沛榮 賴明德注譯

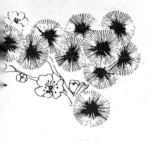